ぐうたらさんでもすぐできる!

プロの凄腕お掃除 コツとワザ

ミッシェル・ホームサービス 監修

講談社

もくじ

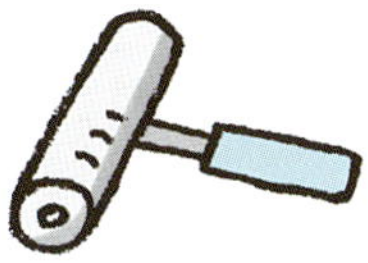
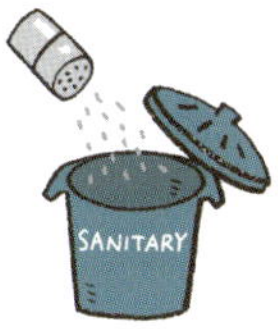
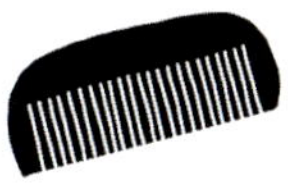
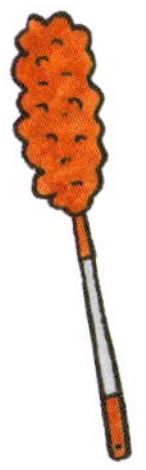

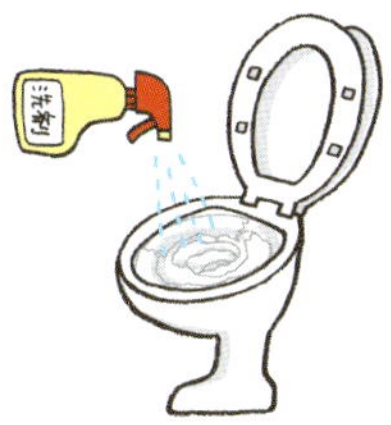

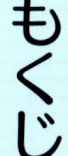

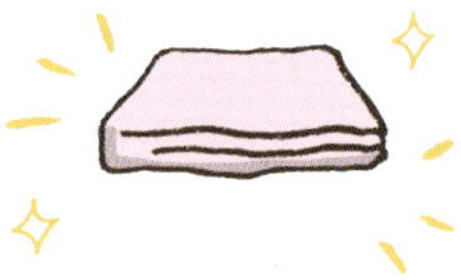

○この本は「ミッシェル・ホームサービス株式会社」に取材をしたうえで編集部がすべての文責を負って作成しておりますので、
内容に関するご意見、お問い合わせなどは編集部あてにお願いいたします。
○登場人物の「トップデモンストレーター シミズさん」「ぐうたらライター M さん」は実在の複数人物に取材をした内容を統合して作成しておりますので、
モデルとなる人物は存在しますが実在の人物とは異なります。

はじめに

　あなたは掃除が大嫌いで面倒くさがり屋さんで、いつも「やらなきゃー」と思っているのに、ついぐうたらして後まわしにしてばかりいる人ですか？　汚い部屋にほとほと自分でも嫌気が差していて、時々、一念発起して大掃除を始めてみるものの、いつも途中ですっかりやる気がなくなったり時間がなくなったりして、始める前よりさらにひどいことになってしまう、そんなことを繰り返しているのではありませんか？

　もし「読むだけで必ず掃除がしたくなり、ずっとキレイな部屋を保つことができるすばらしい方法」があるならぜひともやってみたい……そう思ってこの本を手にとってくださったのかもしれませんね。その気持ちはよくわかります。しかし、最初にお詫びしておきますがこの本には、残念ながらあなたが期待するような「魔法のように楽しい掃除方法」や「夢のようにラクちんな掃除道具」はほとんど出てきません。

　むしろとても当たり前で、とても理にかなった正しい掃除方法と、どこでも手に入る普通の掃除道具が繰り返し出てきます。でも実はそこにこそ、ぐうたらさんが長年悩んできた「掃除が苦手」を根本的に解決する秘密があるのです。

　この本の掃除術を監修してくださったミッシェル・ホームサービスは家事サービスのプロ集団。中でも掃除はそのメイン業務です。顧客が指定する2時間や3時間の限られた時間の中で、その家に普通にある道具を用いて「わあ、こんなにキレイになるなんてスゴイ！」「さすがだわ」と言わせる掃除をしてみせる、そこには熟練し、深く考えられた究極的に効率のよい手順やコツ、ワザがあるのです。どんなぐうたらさんでもこの究極の手順を身につければ、二度と掃除が「苦」ではなくなります。そのコツとワザを一緒に身につけましょう！

こんなぐうたらさんにオススメ

□ 家に人が来ると困る

このぐうたらさんは、外から帰ったらとりあえずその辺に持ってきた物を置いてしまう、使ったものは出しっぱなし、の散らかり堆積タイプ。「これから家に行っていい?」と言われて、「もちろん!」とは即答できません。プロの短時間でキレイに見せるポイント（→P65～）を押さえればいつでもウェルカム態勢が実現!

→ プロの見せるポイント掃除術をマスターしよう

□ 3ヵ月ぶりの掃除で連休が終わり、クタクタ

このぐうたらさんは、実は完ぺき主義者。中途半端は気持ちが悪いので普段は放置、時間がたっぷりあるときに納得いくまできちんと掃除しようとするあまり、疲れてしまうタイプ。普段の掃除と、年に一度やればいい作業は違います。何をどういうタイミングでやればいいのかという作業ごとの頻度（→P76）を理解することからスタート。

→ プロの頻度順掃除をマスターしよう

□ とりかかるまでに時間がかかる

このぐうたらさんは計画大好きで実行が苦手な愚図タイプ。「掃除機をかけなくちゃ」「窓も拭きたい」「そのためには……」と計画ばかり立てて動かないうちに時間もやる気もなくなってしまいます。そんな人はまず「最初にすること」（→P7）だけを把握し、とにかく「頭を空っぽ」にして最初の動きだしをクリアすればスムーズに!

→ プロの最初にすることをそのままやってしまおう

□ 労力をかける割にキレイにならずモチベーションダウン

親も掃除嫌いだったりして、これまでにちゃんと掃除を教えてもらったことがなく、自分では「掃除のやり方くらい知ってる!」と思っていても、自己流だからなかなかキレイにできません。このタイプのぐうたらさんは、一度素直にプロの手順（→P13～）を体に覚えさせて「掃除基礎力」を上げましょう。

→ プロの効率のよい掃除の正しい手順を覚えよう

□ 正直、お掃除本、お片づけ本はたくさん持っている

何か斬新な方法はないかと掃除のマニュアル本を次々買い込んではいろいろ浮気してみるものの、どれも身につかないぐうたらさん。新しい方法や特殊な技術をあれこれ詰め込んで頭でっかちになるよりも、基礎からハイレベルなコツまでオーソドックスに網羅した一冊の本（→本書）の内容を、体が覚えるまで繰り返し実践してみましょう!

→ 本書を繰り返し実践して手順を体にしみ込ませてしまおう

教わる人

掃除が苦手な
ぐうたらライター

Mさん

幼い頃から掃除は大の苦手。大量に物が散らかる部屋に突然の来客などもってのほかで、汚い部屋は見せたくない……。そんな見栄があるゆえにキレイな部屋と掃除上手への憧れは人一倍強く、部屋の片すみには掃除マニュアル本が山積みになるという矛盾が生まれています。週末は「掃除しなくちゃ〜」と思う割に体は動かず、結局ぐうたら、のんびり過ごしてしまいます。

教える人

ミッシェル・ホームサービス
トップデモンストレーター

シミズさん

約500名のスタッフを抱えるミッシェル・ホームサービスでもスタッフを指導する役割のトップデモンストレーターはほんのひと握り。シミズさんは、「掃除が天職」と言い切る、まさに職人技の持ち主です。どんなにひどく散らかった部屋を目の当たりにしても、「住んでいる人を幸せにしたい」と、情熱的に居心地のいい空間に変えていく、今回の厳しくも優しい先生です。

Chapter 1

最初にすること

これさえやれば掃除は習慣になる

掃除が苦手なぐうたらさんは、「最初のとっかかり」がわからなくて、いつまでもぐずぐずしてしまいがち。とりあえず手をつけるべきことを把握して、スムーズに作業ができるリズムを作っていきましょう。

1 とにかく最初に窓を開ける

ミッシェル・ホームサービスでも徹底しているのが、まず「すべての窓を開ける」こと。できるだけ新鮮な空気に入れ替えましょう。閉め切ってよどんだ空気の中で、やる気は出ません。キレイな空気がどっと入ってくるだけでも、「部屋をキレイにしたい」というやる気が湧いてくるはずです。1ヵ所ではなく、すべての窓を開け放つことで、窓から窓へ向かって空気が流れるので、部屋の中の空気が効率よく入れ替わります。

また、掃除中は大量のホコリが舞うものです。空気が流れていれば、ホコリが自然と外に流れ出るので、どんどん気持ちのいい空間になっていきます。掃除の第一歩は、なにはともあれ窓を開け、空気を入れ替えること。そこが肝心なのです。

2 「形」か「用途」で集めて散らかりをいったんまとめる

磨いたり、洗ったりする「掃除」に早速とりかかりたいところですが、物が散乱した部屋ではスムーズに掃除ができません。ともかく、出しっぱなしになった物の「散らかり」を解消しましょう。

そのコツは、手当たり次第にしまい込むのではなく、「形」もしくは「用途」で物をまとめていくこと。部屋全体を見渡し、「着るもの」はココ、「食べるもの」はココという具合に、移動してまとめます。最終的にまとめた物たちを一気に片づけるのが効率のいい「散らかりの解消」です。

まとめ方はお好みで。慣れていけば、自分なりにやりやすい「散らかりの解消」ができるようになり、それが毎日できるようになれば万々歳！「散らかさないクセ」をつけていきましょう。

3 部屋全体を見渡し、「1ヵ所15分」で3ヵ所分程度の段取りを組んでみる

ミッシェル・ホームサービスの場合、プロなので作業には時間制限があります。スタッフは部屋に入ったら全体を見渡し「決められた時間で今回やること」を決め、段取りを組んでから作業をスタートします。自分で掃除をする場合も同じこと。一度の掃除で全部をキレイにするのは難しいと考えて、その日にやることを決めていきましょう。

目安は「1ヵ所15分」×3ヵ所程度。終わってみて、4ヵ所目も5ヵ所目もやりたくなればやればいい、疲れちゃったら次回にすればいいのです。まずはピンポイントでなく、全体を見渡してみて、「今日はキッチンのガス台まわりとお風呂のカビ取りとシーツ替え」など、「キレイにしたいな」と思うところに手をつけてみましょう。

4 つけおき、漂白など水まわりで時間のかかるところをまず仕掛ける

時間制限があるミッシェル・ホームサービスの場合、終了時間ギリギリになって「カビの生えたお風呂の部品のつけおき」を始めてしまったら、時間内に終了することができません。特に水まわりの作業では、少し時間をかけたい作業がいくつもあります。このような作業は、やはり掃除の最初に手をつけるのが正解なのはわかりますね。もちろん、つけおきをスタートしたら、すぐ次の作業へ。待っている間にも効率よくキレイな部屋に！

5

各部屋に専用の掃除道具をカゴなどに入れて置いておく

ぐうたらさんの場合、すぐ捨てるべきものがその辺に放置されているのは、そこにゴミ箱がないからかも？　同様に、手の届く場所に粘着ローラーがあれば、ちょっと気になったとき、すぐに汚れをコロコロと取ることができるでしょう。つまり、ぐうたらさんにとって、別の部屋に置いてある掃除道具を取りにいき、使ってまた戻しにいくのはとてもハードルの高い行為なのです。

それならば、10部屋もある豪邸でない限り、掃除道具は部屋ごとに置き、掃除へのハードルを下げておくのも一案です。また逆に家中まとめて掃除するなら、ハンディモップやマイクロファイバークロスといったどの部屋でも使うものはポケットなどに入れて、身につけてしまうのもアリ。

トイレセット

- トイレ用洗剤
- トイレ用雑巾
  （水拭き用、から拭き用）
- ソフト・ハード両用ブラシ
  （トイレ用ブラシが置かれていればなくてもよい）
- トイレ用掃除シート
- 粘着ローラー

洗面所・お風呂場セット

- 雑巾
  （水拭き用、から拭き用）
- ソフト・ハード両用ブラシ
- カビ用洗剤
- 風呂用洗剤
- 風呂用スポンジ
- 風呂用床ブラシ
- 吸水クロス

玄関セット

- 雑巾
  （水拭き用、から拭き用）
- 粘着ローラー

キッチンセット

- 油汚れ用洗剤
- 雑巾
  （水拭き用、から拭き用）
- クエン酸、重曹
- ソフト・ハード両用ブラシ
- 吸水クロス

※食器用洗剤、スポンジ、ふきん、漂白剤等常備されているものとは別にセットする場合

リビング・ベッドルームセット

- 粘着ローラー
- 雑巾
  （水拭き用、から拭き用）
- シートモップ

※ハンディモップ（折りたたみ式）とマイクロファイバークロスは身につけているという前提でのセットです。

さらに追加するなら

ちょっとの目配りで大きな差が出る

プロがこだわる仕上げの鉄則3カ条

ミッシェル・ホームサービスの顧客は「家に帰ったときの空気が違う！」と言います。もちろん全体がキレイになっていることもありますが、スタッフは「キレイになっている」と思わせる仕上げポイントを押さえているのです。

その1 光るところはとにかく光らせる

「キレイ」を印象づける大きなポイントは、「光るところが光っている」こと。ステンレスや鏡は、ピカピカに光らせることで、訪れた人に「すごくキレイにしている」という印象を与えることができます。掃除中はマイクロファイバークロスをいつも手元に持ち、その場所の掃除の仕上げにピカピカに磨き上げましょう。

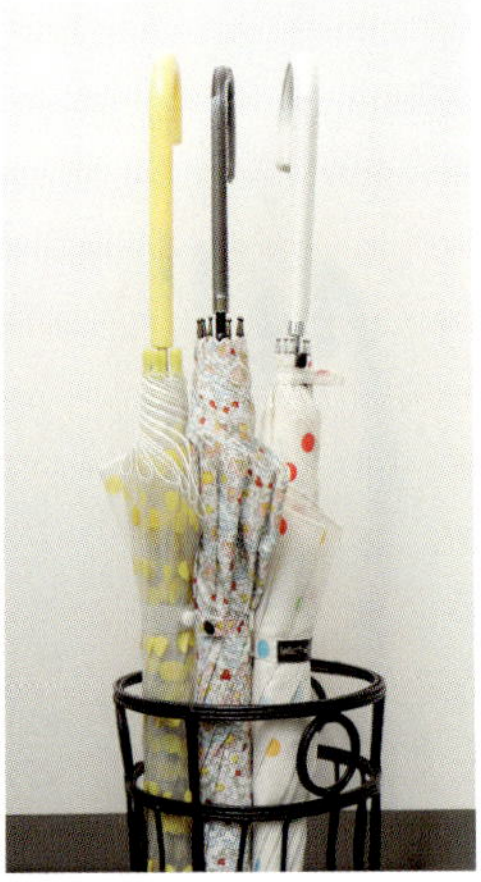

その2 向きと幅、大きさをとにかくピシッと揃える

玄関のスリッパ、洗面所の小物……こういった「出しておかなくちゃならないもの」はとにかく揃える！　手拭きタオルも三つ折りにしてピンと直角にしておくだけで、部屋全体をキレイな印象にすることができます。リモコンひとつでもただ置くのではなく、揃えて、直角または平行に。これが部屋の印象をよくするのです。

その3 後ろ向きに下がっていく。決して前へは戻らない

ミッシェル・ホームサービスのスタッフは、部屋を出るときには後ろ向き。全体をチェックできるだけでなく、髪一本でも落として、帰ってきた顧客をがっかりさせないためです。

また、雑巾がけなども前へは進まず、後ろ向き。せっかく雑巾をかけた場所を自分が通ってしまったら台無しですから。完成度の高い「キレイ」を目指すなら、これくらいの意識の高さが大切。来客をがっかりさせない「人を呼べる部屋」を目指して！

ぐうたらさんの掃除の悩みQ&A

【掃除以前の常識編】

掃除なんて誰でもいつの間にかできるようになっているもの、特別難しいことなんて何もないと思っていませんか？ でもまだ知らないことって結構いろいろあるのです。ぐうたらさんからの初歩的お悩みに編集部が答えます！

Q 片づけること自体、本当に苦手。何から始めればよいか途方に暮れてしまいます。

A 「掃除」と「整理整頓」や「収納」を一緒くたに考えるせいで、やることが無限に増えて終わらなかったり、そもそも始める前から気が重くなったりしてしまうのでは？ まず掃除をするときは掃除のことだけを考えて。「整理整頓や収納は別の日の別の時間にまたやろう」と目をつぶってしまう「割り切り」が意外に功を奏します。掃除に特化した本書でまず掃除から。

Q 最近、掃除の本なんかで「重曹」とか「クエン酸」ってよく聞くけど、何？ どう使うの？

A いわゆる「ナチュラル洗剤」と呼ばれる自然の薬剤で、昔から世界各地のキッチンや掃除道具として使われてきたものが環境への配慮から最近見直されてきています。重曹はアルカリ性の薬剤なので、消臭効果があり、タンパク汚れに強く、クエン酸はその名の通り酸性なので、水あかなどのアルカリ性の汚れ落としに力を発揮します。レモンなども同じです。

Q 風水とか断捨離とか掃除で開運ってよく雑誌で見るけど本当なんですかね？

A 掃除すると即何か不思議な力が宿って運がよくなる、ということはもちろんありません。けれど、汚れた場所や物を毎日目にしていると、あなた自身はもはや何も感じていないつもりでも、脳は「汚い」と感じて見るたびにストレスを受けています。太古の昔からジメジメ湿った不潔な場所は病気の巣窟。脳は無意識にそういう場所にいることに不安を覚えているのです。その不安から解放されるだけで元気な気持ちになり、物事がスムーズに進む＝運がよくなるということはあり得ます。また、何かにつまずいての怪我や、必要なものが見つからず何度も買い直す無駄もなくなります。

Q 掃除はさておき、部屋の臭いだけでもなんとかしたい。アロマグッズにも限界が。

A 家のドアを開けた途端にするその家特有の臭い。それはほとんどの場合布製品にしみ付いた臭気が原因。カーテン、ソファ、寝具、タオルなど、年の始めや引っ越しの時に思い切って一新すればかなり軽減します。

Chapter 2

エリア別 お掃除術

「基礎力」アップのための本当に正しい手順

いよいよ、各部屋の掃除を実践！
ミッシェル・ホームサービスが
掃除エキスパートの知恵を結集させた
手順をご紹介します。
無駄な動きをせず、効率よく体を動かし、
「キレイ」な印象をぐんとアップさせる
なるほどテクニックがいっぱいです。

1 水まわりのお掃除編

実は掃除が苦手な人ほど効果ありな場所！

ぐうたらさんは「水まわりのお掃除」と聞くと「やってもすぐに汚れちゃうし、やるとなったら手順がいっぱいありそうだし、どうせ使うのは一日の中で短時間だし、手足が濡れるし……」と全速力で引いてしまいがち。ついつい見えるところだけシートでささっと拭くくらいでお茶を濁してやり過ごしていることが多いですよね。

でも水まわりは「汚い↓キレイ」の差が一目でわかる達成感のある場所でもあるし、居室に比べれば物が少なくてスッキリさせやすく、やればやっただけきっちり結果が出てくる場所。実は掃除が苦手な人ほど、まずはここから手をつけるべきなのです。仮に部屋がまだホコリだらけでも、水まわりさえ毎日キレイにしていれば「掃除している」という充実感があり、モチベーションアップ間違いなし。風水などでも「運気を上げるために絶対キレイにしておかなければならない」といわれているのは、トイレ、キッチン、お風呂場です。さあ、やる気を出して掃除開始！

水まわりのお掃除編

トイレ

もし好きな人から「トイレ貸して」と言われたら、自信を持って貸せますか？　たとえぐうたらさんでもトイレだけはいつも自信を持って人に見せられる場所にしておきたいですね。

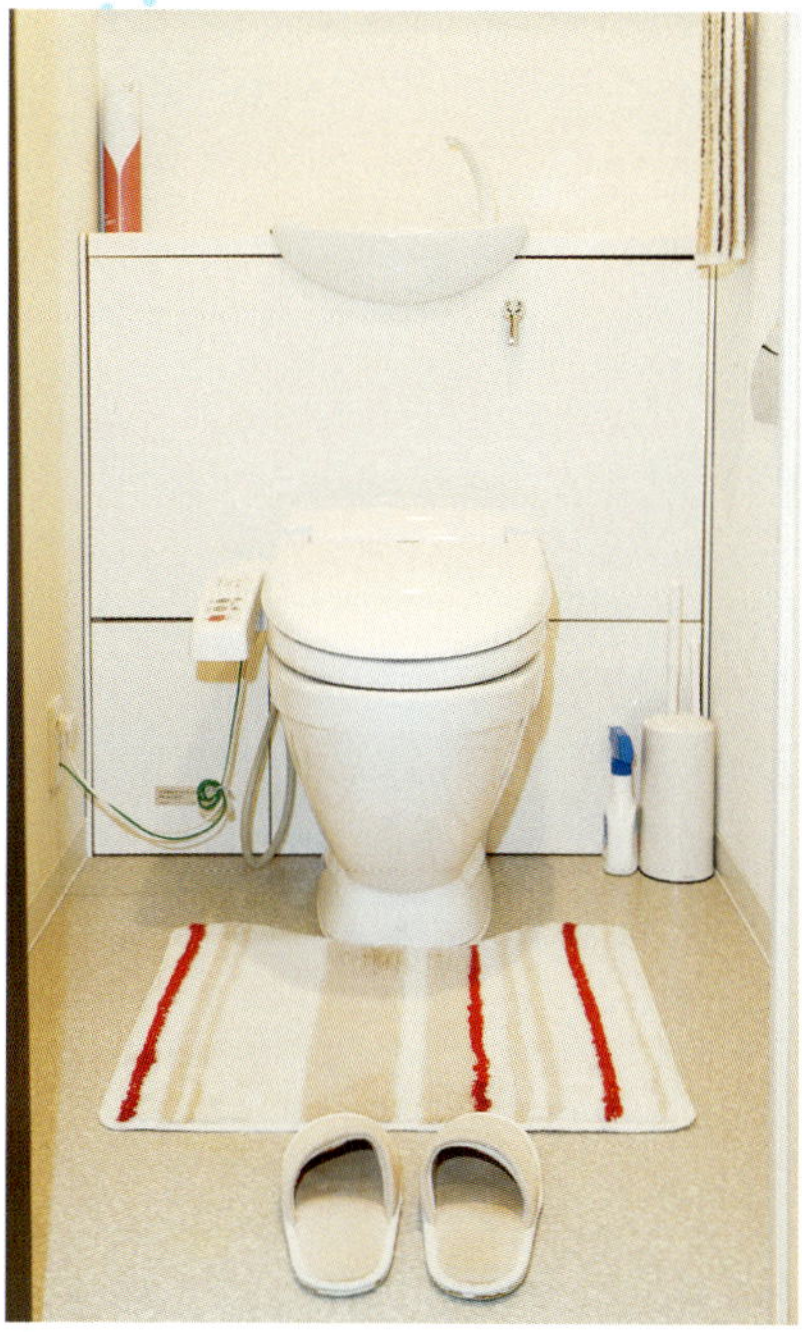

ぐうたらさん向け

お掃除のコツとワザ

- 便器の落ちにくい汚れはトイレ用洗剤でパックして放置。これでOK。
- トイレ用掃除シートは１枚を無駄なく使い切って達成感を味わおう！
- 便座は「清潔順」に拭く。この原則さえ覚えてしまえばラクちん！
- 小物は外に出さず、動かしながらその場所を拭けば手間いらず。
- ステンレスさえピカピカなら仕上がりは驚くほどランクアップ。
- 気が乗ったときに壁を拭き上げてみるとスッキリして病みつきに。

水まわりのお掃除編

洗面所

自分では毎日のことで見慣れてしまい、ブラシに絡まった髪の毛や鏡の汚れ、ごちゃごちゃ小物もついつい「こんなもの」と見過ごしがち。他人の家にお邪魔したつもりで「他人の目」でチェックを!

どうたらさん向け

お掃除のコツとワザ

- 洗面所を洗うスポンジ・洗剤はお風呂場と共用でOK。
- コップや石鹼トレイはとにかく使うたびに何も考えず「さっと拭く」を習慣に。
- 排水口に髪の毛がたまると負のオーラを発するので毎日ティッシュでくるんでポイ!
- 鏡についた歯磨き粉や水あかは、その部分に手で水を飛ばしてクロスなどで拭くと簡単に落ちる。
- 鏡とステンレスさえピカピカに磨いておけば印象は各段にアップ!
- ごちゃごちゃしがちな小物は並べるときに直角・平行を意識すれば驚くほどスッキリ。

水まわりのお掃除編

お風呂場

湿度が高いから、家中でいちばんカビが生えやすい場所。その予防には、やはり日々のお掃除→乾燥が大切です。

どうたらさん向け

お掃除のコツとワザ

- 小物はすべて外に出し、広い空間を作ってから掃除開始。
- あまり汚れないバスタブ側の壁は頻繁に洗わなくてもOK。
- 壁は、「掃除は上から」の鉄則で、「コ」の字を描くように効率よく洗う。
- 表面積が広く、腰をかがめる床は専用のブラシがあると便利。
- 天井の水滴もカビの原因。シートモップにから拭き用雑巾を装着して拭き取って。
- ピンクカビは落とせるが、黒いカビになったら落ちないのでピンクのうちにささっとカビ用洗剤を。

トイレ

手を抜くとてきめんに臭いや汚れが残ってしまうからこそ、最初に掃除しておきたい最重要の場所といえばトイレです。ぐうたらさんは見えないのをいいことに裏側や陰に汚れをため込んでしまいがちだけれど、トイレの隠れ汚れは気分にも運気にもよくありません。１枚のシートを使い切って拭く順番を覚え、便器だけでもよいのでできれば毎日「すみからすみまで拭いてポイ」掃除を実行しましょう。トイレがキレイになると、家全体の空気が変わります。

コレがあればラクラク
道具と洗剤

- □ トイレ用洗剤
- □ トイレ用雑巾（水拭き用、から拭き用）
- □ トイレ用掃除シート
- □ トイレ用ブラシ（大・小）
- □ マイクロファイバークロス
- □ 粘着ローラー

最初にすること

トイレ掃除というとついやみくもにまず便器をどうにかしなければと思いがちですが、もっとも汚れが激しい便器にとりかかる前に、やっておくべきことは、スペースの確保と「掃除は上から」の鉄則に従った拭き掃除。マットは粘着ローラーでゴミやホコリを取ってから、外に出します。拭き掃除は収納棚など上にあるものから順に行いましょう。

1 まずマットをキレイにして外へ

週1回
でOK

最初に床をむき出しにすることでゴミやホコリをどんどん下へ落としていけるし、拭き掃除がしやすくなる。

2 汚れが気になったら洗剤パックスタート

週1回
でOK

時間が経ってしまったこびりつき汚れは力ずくでこするより、トイレ用洗剤をしみ込ませたペーパーでパックして放置。

3 上にあるものから水拭き→から拭き

月1回
でOK

収納棚や天井に近い上方の壁から徐々に下へ向かうように拭く。右手で水拭き雑巾、左手でから拭き雑巾を持って交互に。

4 手洗いボウルも先に拭いておく

毎日
やりたい

トイレの中で、実は座ってしまうと見えない便器より、結構目が行くのは手洗いボウル。水あかやぬめりを重点的にチェック。

この間に拭き掃除しますよー
待ってる間にひと休み…っと

便器

毎日やりたい

もっとも汚れやすい便器は、基本的に毎日掃除しましょう。トイレ用ブラシは大・小セットになっているものが増えており、小は細かい場所を磨けるので便利です。内部を掃除したら、シートを使って便器を拭き上げます。順序を覚えて考えずに習慣的に拭けるようになって!

1 まず汚れ落としパックをしていたペーパーを水で流し、ブラシで便器内をこする。縁の裏側は汚れが見えにくいので、角度のついた小さいブラシがあると便利。

2 トイレ用掃除シートを用意。半分に切って、切った1枚をそれぞれ2回折り、手のひらサイズのものを2つ作って1ヵ所につき1面を使うようにする(手が触れる面は使わなくてOK)。

3 掃除シートで、汚れが少ない部分から、床などいちばん汚れがひどいところへと順に拭いていく。最初は直接肌がつく便座を拭く。

4 掃除シートを清潔な面に替え、汚れが少ない便座のふたの表面を。目につく部分なので、念入りに! 好みによるが便座カバーはないほうが掃除が楽。

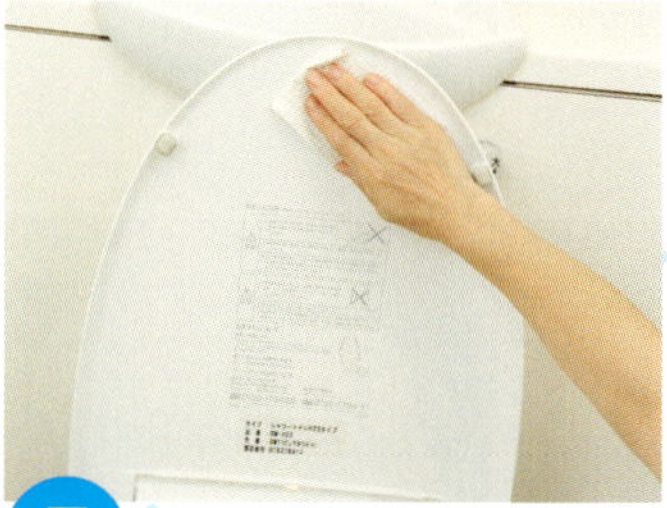

5 また掃除シートの面を替え、ふたを開け、ふたの裏を拭く。意外と汚れている部分なので、こちらもまんべんなく拭き上げる。

6 シートの面を替えて便座の裏側を拭く。女性の一人暮らしだと目の行き届かない場所なので、いつ上げられてもOKなよう裏側まで拭くことを毎日の習慣にしてしまおう!

7 半分にした2枚目のシートに替え、便座を上げた便器の縁を握るように拭く。挟むようにすることで全体をキレイに拭き上げることができる。

8 シートの面を替え、便器の下の部分を拭く。男性も頻繁に使う場合は結構汚れがち! 上から下へ、拭きもらしのないように気をつけて。

9 手順に従ってウォシュレットのノズルを掃除モードで出し、壊さないように先端を支えながらシートの新しい面でノズル全体を拭く。

10 シートの最後の面へ。便座を動かすことができる場合は前へずらし、出てきた部分も拭く。見えないけれど汚れがたまりやすい部分。

小物・床

床付近にある小物や部品は、「便器より下」にあるので、便器を拭いたあとに掃除します。もちろん雑巾を使ってもいいのですが、せっかくあるのでトイレ用掃除シートで拭いてシートは流してしまいましょう。拭き終わったら小物は所定の場所に直角・平行に並べること！

週1回でOK

1 トイレ掃除グッズやサニタリーボックス、洗剤などが出しっぱなしになっている場合は、これら小物もやはり掃除シートで清潔に。

週1回でOK

2 小物と同時に拭きたいのは、トイレのコード。コード類はホコリがたまりやすいので掃除シートで普段から拭き、時々は外して雑巾で水拭き→から拭きすること。

週1回でOK

3 最後は床。小物をどかしながらすみずみまで掃除シートで拭き、できれば水拭き→から拭き。奥から拭きはじめ、後ろ向きに出口まで後ずさりで。

ちょっとひと手間

サニタリーボックスは拭いたあとに重曹を少しふると臭いが気になりません。また、水拭き雑巾を絞る水に好みのアロマオイルを数滴垂らして拭くと、いい香りが全体に広がり掃除も楽しくなります。ペパーミントなど爽やかな香りがオススメ。

重曹には消臭効果あり
SANITARY

仕上げ

トイレのドアを開けて「うわぁ、キレイにしてる！」と思わせるには、便器や床が清潔なだけでなく、ステンレスの部分がピカピカになっていることが大切。ペーパーホルダーや手洗いボウルの蛇口、ドアノブなどをマイクロファイバークロスで磨き上げましょう。

週1回でOK

1 ペーパーホルダー、手洗いボウルの蛇口など、ステンレス製の部分、鏡はマイクロファイバークロスを使ってピカピカに光らせる。

週1回でOK

2 入るたびに直接触れるドアノブも雑巾で水拭き→から拭きできっちり拭き上げる。ステンレス製ならば仕上げにマイクロファイバークロスを。

たまには！

普段は忘れていても問題ないのですが排気口はホコリの巣。長く放置した場合は床や便器の上にいつの間にかホコリのかたまりが落ちているなんてことも。ホコリを吸着して離さないハンディモップでたまに表面からホコリを払うだけでもOK。

年2回でOK

1 柄の伸びるハンディモップ（なければはたき）で排気口のホコリを落とす。床や便器にホコリが落ちるのでマット類を外に出して、掃除の最初に行おう。

年2回でOK

2 ホコリが大量についている場合は、レジ袋をあてがい、ホコリが飛び散らないようにする。袋はそのままキュッと縛って捨てればOK。

トイレ掃除ポイントまとめ

狭い空間だからこそ、ドアを開けたときにパッと明るい印象にしたいですね。
きちんと全体を仕上げれば、驚くほど清潔感は出てくるもの。
ステンレスを光らせるなど最後のひと手間の手を抜かないで!

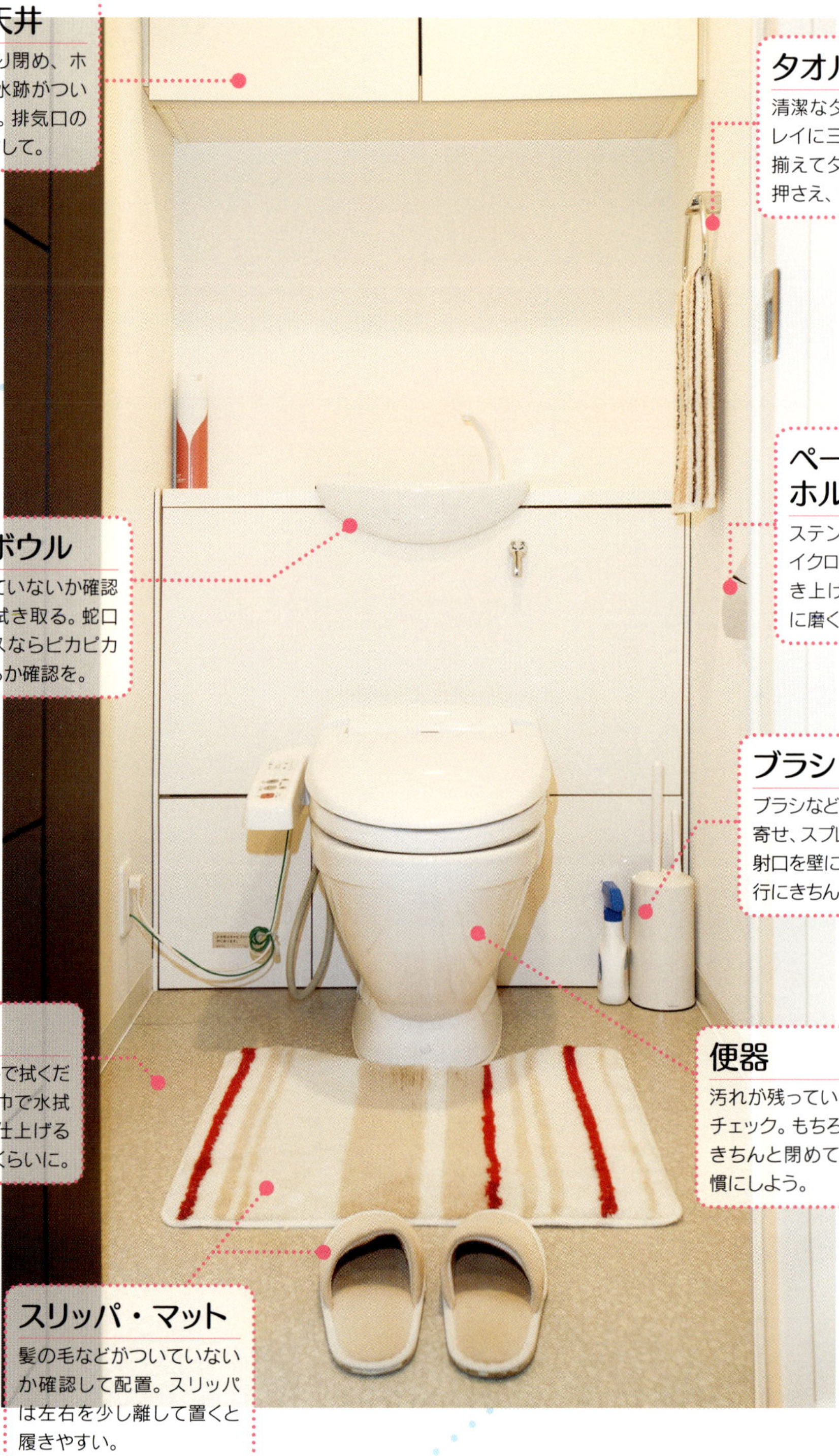

収納棚・天井

棚の扉はきっちり閉め、ホコリや水拭きの水跡がついていないか確認。排気口のホコリもチェックして。

タオル掛け

清潔なタオルを用意してキレイに三つ折りにし、端を揃えてタオル掛けへ。手で押さえ、ピシッと見せて。

手洗いボウル

水けが残っていないか確認し、あれば拭き取る。蛇口がステンレスならピカピカになっているか確認を。

ペーパーホルダー

ステンレス部分はすべてマイクロファイバークロスで拭き上げる。最後にピカピカに磨くのが仕上げのコツ!

ブラシ・小物

ブラシなどの小物は、すみに寄せ、スプレー式の洗剤は噴射口を壁に向けて、直角・平行にきちんと並べる。

床

トイレ用掃除シートで拭くだけでもよいが、雑巾で水拭き→から拭きして仕上げると裸足で触れたいくらいに。

便器

汚れが残っていないか最終チェック。もちろん、ふたはきちんと閉めておくのを習慣にしよう。

スリッパ・マット

髪の毛などがついていないか確認して配置。スリッパは左右を少し離して置くと履きやすい。

洗面所

洗面所は小物が多い場所です。お化粧を洗面所でするのであれば、いよいよ洗面所は物だらけ！　洗面所のポイントは小物を清潔に保ち、整然と並べること。特に小物は毎日目にしていると自分では汚れに気づきにくいので、拭くことを習慣化してしまいましょう。また、鏡は水あかや歯磨き粉の汚れがつきやすいのでピカピカに磨いて仕上げます。

コレがあればラクラク
道具と洗剤

- □ ソフト・ハード両用ブラシ
- □ ティッシュ
- □ カビ用洗剤
- □ 風呂用洗剤
- □ 風呂用スポンジ
- □ 吸水クロス
- □ マイクロファイバークロス
- □ 雑巾（水拭き用、から拭き用）

最初にすること

小物がたくさんある洗面所では、掃除する場所を確保し、小物を逆に汚したり、傷つけたりしないようにするための予防が大切。まず洗面ボウルに雑巾などを置いて保護し、タオルなどを敷いた場所に小物を移動します。小物はひとつひとつキレイに拭き上げて。

整列！
HAND SOAP
TOOTHPASTE
向きを揃えると
きちんと感が出る

1 排水口のふたを外して雑巾をかけておく

最初に排水口のふたを抜き泡状漂白剤をスプレーしておく。ふたを外している間に排水口に物を落とさないよう、口の上に雑巾をかけておくとよい。

2 洗面台の小物はタオルにのせて一気に移動

清潔な雑巾やタオルを洗面台に敷き、化粧品や洗面用具、ボトル類、小物をすべてのせておけば台面を拭くときに一気に移動できて便利。

3 意外と汚れが目立つ小物を清潔に

週1回でOK

小物を洗う。水で落ちる汚れがほとんどないので、ソフト・ハード両用ブラシのソフトな方でこすればOK。歯磨き粉や洗顔料も全体＆ふた周辺を洗って。

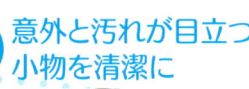

鏡・洗面ボウル

週1回でOK

洗面所をピカピカに見せる肝の場所です。ヘアキャッチャーに髪の毛がたまっていたり、鏡に水あかがついていると「掃除をやっていない」のがバレバレに。小まめに水拭きして、普段から水分を残さないようにするクセをつければ、1回の掃除がぐんと楽になりますよ。

1 排水口についているヘアキャッチャーを外す。もし髪の毛がついていたらティッシュなどでぬぐい、そのままゴミ箱に捨てる。

2 ヘアキャッチャーにカビ用洗剤をスプレーする。あまり長時間おくと変色の原因になるので、2分ほどおいて流す。

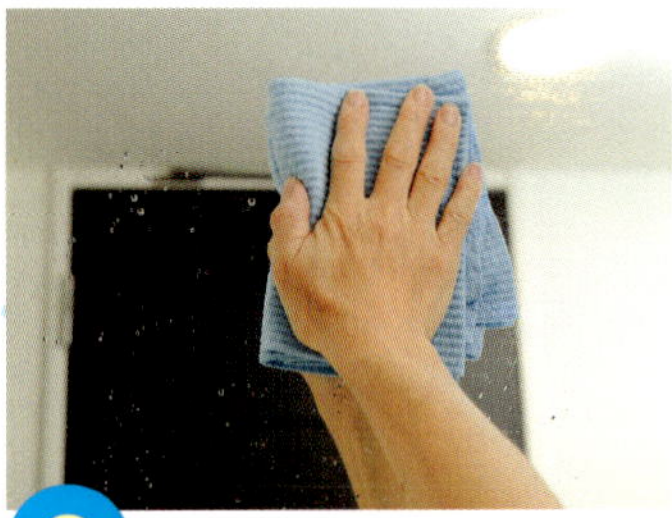

3 鏡の汚れも水で落ちるものがほとんど。まず水を含んだ吸水クロスで拭いた後、乾いたクロスでから拭きを。拭きムラや歯磨き粉汚れに注意!

4 「最初にすること」①で敷いておいた雑巾をどけ、風呂用洗剤を風呂用スポンジ(お風呂場と共用でOK)に泡立て、洗面ボウルや蛇口、周辺を泡で包み込むように磨く。

5 蛇口の付け根など細かい部分はソフト・ハード両用ブラシのソフトブラシを使って磨く。蛇口を動かしながら角度を変えて磨くと磨きもらしがない。

6 洗い忘れがないかどうかチェックして洗剤をすべて洗い流し、吸水クロスで水滴を残さず拭き取る。ヘアキャッチャーや小物も元の位置に戻して。

仕上げ

週2~3回でOK

ほかの水まわり掃除と同様に、ステンレスと鏡をマイクロファイバークロスで光らせましょう。特に「鏡が主役」の場所ですから、鏡はあらゆる角度から覗き込んで拭きもらしがないように仕上げましょう。小物を直角・平行に並べるのもキレイに見えるコツ!

1 鏡はもちろん、収納の扉や洗面ボウルに近い壁を雑巾で水拭き→から拭きで仕上げ。タオル掛けからタオルを外して洗濯へ。

2 鏡、蛇口などのステンレス部分は、マイクロファイバークロスを使ってピカピカに。特に鏡は光を当ててさまざまな角度からチェック。

ちょっと待って!
いろんな角度からチェックしてみて?
ふっふっふ
バッチリ!

※注意! 鏡の種類(表面の加工等)によってマイクロファイバークロスが使えない場合があります。鏡に注意書きがついていないか確認してから使用してください。

洗面所掃除ポイントまとめ

めったに来客が入らない場所だと思って油断してはいませんか?
リビングはキレイだったのに、洗面所は歯磨き粉の汚れだらけ……なんてことがないように、普段から「使ったら拭く！」という習慣をつけたいものです。

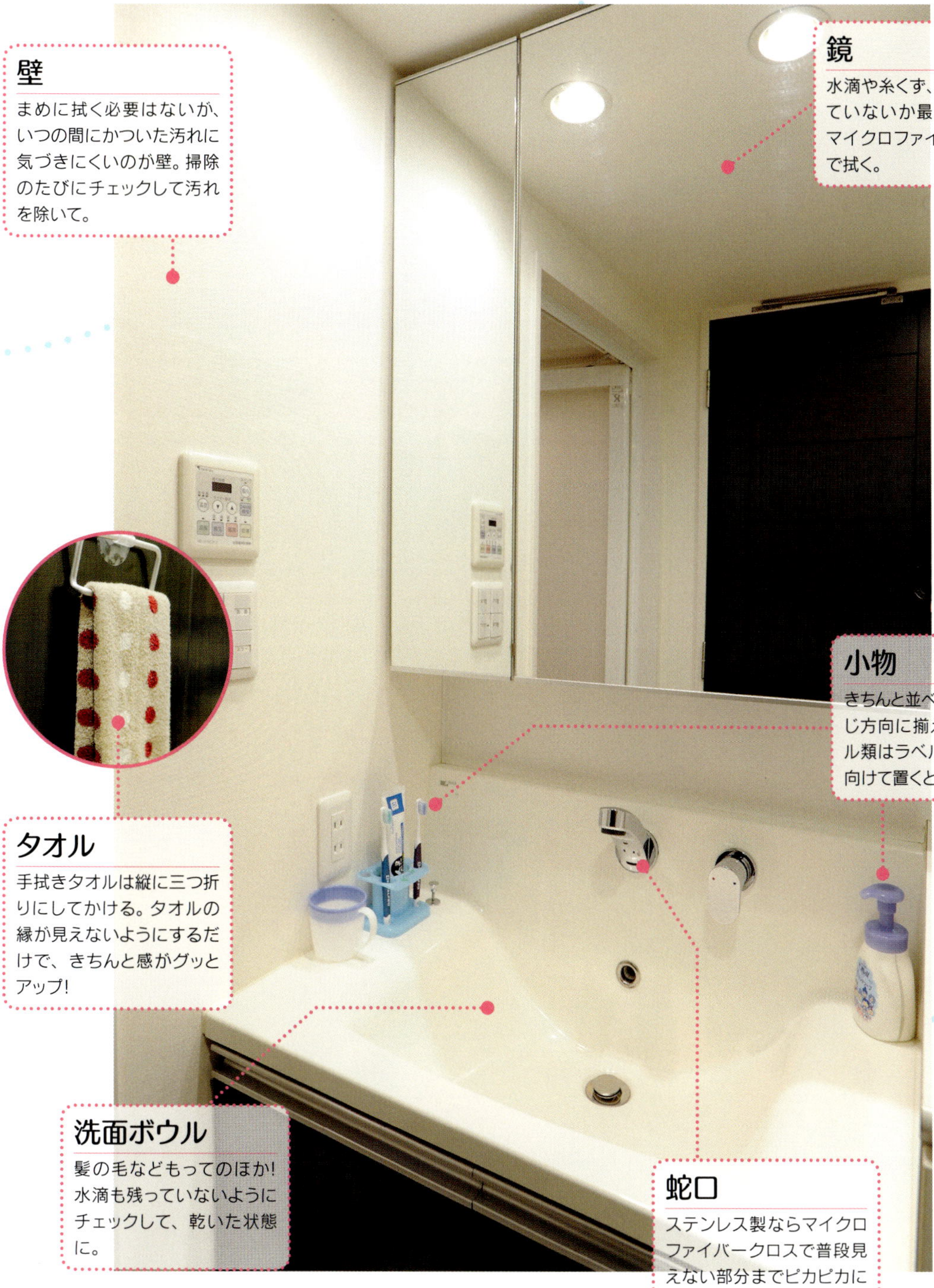

壁

まめに拭く必要はないが、いつの間にかついた汚れに気づきにくいのが壁。掃除のたびにチェックして汚れを除いて。

鏡

水滴や糸くず、汚れが残っていないか最終チェック。マイクロファイバークロスで拭く。

小物

きちんと並べ、歯ブラシは同じ方向に揃えて置き、ボトル類はラベルと口を正面に向けて置くと見栄えがいい。

タオル

手拭きタオルは縦に三つ折りにしてかける。タオルの縁が見えないようにするだけで、きちんと感がグッとアップ!

洗面ボウル

髪の毛などもってのほか! 水滴も残っていないようにチェックして、乾いた状態に。

蛇口

ステンレス製ならマイクロファイバークロスで普段見えない部分までピカピカにしよう。

ピシッと見える タオルのたたみ方

洗面所にタオルは欠かせません。いつでも手にとれるよう見えるところに置いているなら、その置き方でもきちんとした印象を与えることができます。さらに、キレイに見えるだけでなく、パッと広げてすぐに使えるたたみ方を覚えれば、ホテルみたいに快適ですよ。

大きさごとに幅を揃えたタオルは、端を見せず、「輪」のほうを手前にし、一辺を揃えて積むのがキレイに見せるコツ。

バスタオル

端と端をきっちり合わせて半分に折る。ずれると完成度がぐんと下がってしまう。

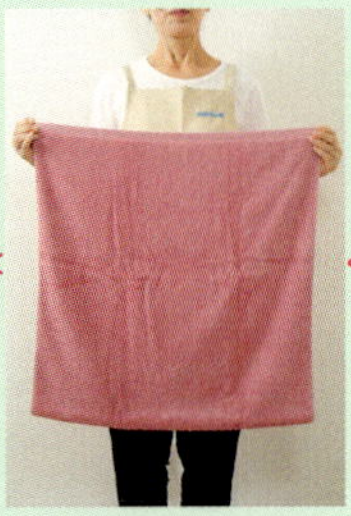

合わせた端と端を持ち、胸の高さに。ここでも端をずらさないように注意して。

体に沿わせてタオルを安定させ、三つ折りにする。ここで好きな幅に決められる。

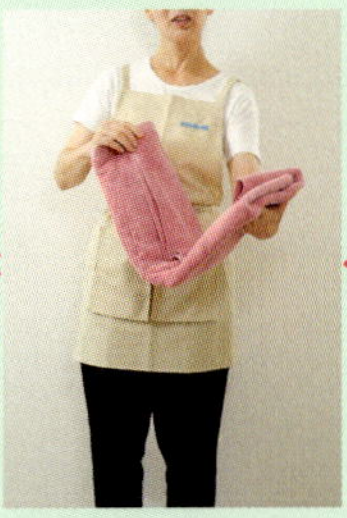

内側から手で下の端を押し上げ、上の端に合わせる。内側からがポイント。

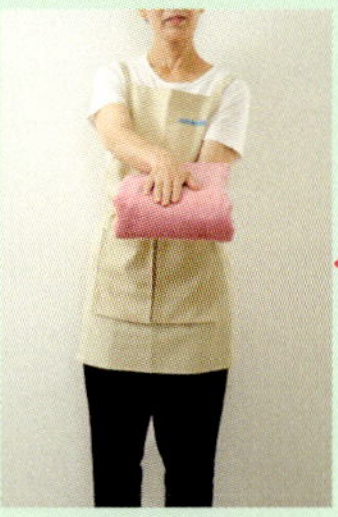

二つ折りにして完成。手で押さえる「手アイロン」でシワなども伸ばし、ふっくらと。

フェイスタオル

バスタオルをたたむとき同様に胸の高さにタオルを下げる。ピンと伸ばしておくと仕上がりがキレイ。

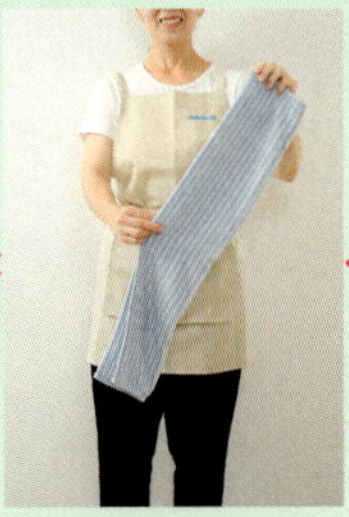

左右の端と端をきちんと合わせて、縦二つ折りにする。縁に沿って徐々に合わせていくのがコツ。

手が下の端までいったら持ち上げて上の端と合わせ横向きに持ち替える。ピンと張ってずれないように。

さらに半分に折って「サロンたたみ」の完成。美容院で推奨されるたたみ方で、使うときさっと広がるのでラクちん。

引き出し収納派は、最後に折らずにくるくる巻き、並べて引き出しに納めるのも見た目キレイで◎。

お風呂場

そうそう人目に触れる場所ではないけれど、一日の疲れを取る場所だから、自分自身が気持ちよく過ごせるようにしておきたいものです。しかし、湿気が多いため、カビが発生しやすい場所なので、マンションなど機密性の高い浴室は使ったら必ず換気を最低でも4～5時間行いましょう。スイッチひとつ押すと押さないであとの労力が大違いです。

コレがあればラクラク 道具と洗剤

- □ ソフト・ハード両用ブラシ
- □ カビ用洗剤
- □ 風呂用洗剤
- □ 風呂用スポンジ
- □ 吸水クロス
- □ 雑巾（水拭き用、から拭き用）
- □ マイクロファイバークロス
- □ 風呂用床ブラシ

最初にすること

洗面所と同様に、まずは掃除する場所を確保します。小物、排水口の部品など、浴室から出せるものはすべてドアの外に広げたタオルの上に集めましょう。また、うっかりカビを生えさせてしまったときは、そのつけおきも最初にするべき！　分解してすみずみまで洗浄します。

1 浴室外に小物を並べるタオルを用意して

バスマットは折りたたんで邪魔にならないところへ。小物を取り出せるよう、浴室を出たところにタオルを敷く。

2 小物の汚れをためてしまったら

小物の汚れやぬめりがひどい場合はティッシュをのせてカビ用洗剤をスプレーし、5～10分おく。ティッシュは捨て、水で流して。

3 知らなかった!? 外せるものは外す!

パッと見きれいなお風呂の小物にもカビが潜んでいることも！　取り外せる部分は外して、つけおきできるようにしておこう。

4 細かい部品はカビ用洗剤水につけて

外したゴム部分は、バケツに入れて水を張り、カビ用洗剤をスプレー。直接吹きかけると変色・変質の原因になるので注意。

5 ぬめりはカビ用洗剤を使うのがセオリー

排水口のヘアキャッチャーに髪の毛があったらティッシュで取って捨て、カビ用洗剤を吹きつけてしばらくおき、流す。

年2回でOK

6 たまには換気口も水洗いしてスッキリ

半年に一度は換気口のフィルターも外し、丸ごと水洗いする。必要ならカビ用洗剤を使ってこすり、水洗いして雑巾でから拭き。

小物

週1回でOK

毎日使っていたとしても、湿気の中に置かれているお風呂の小物はいつの間にか底がぬめったり、カビが生えたりしていませんか？　集中ケアが必要になる前に水洗いで清潔を保つことが、キレイなお風呂場作りの第一歩。浴室洗いのついでにさっと行いましょう。

1 ボトル類は水洗い。ポンプやふたのまわりは汚れがたまりやすいので、少し開けてソフト・ハード両用ブラシのソフトブラシでこすり、洗い流す。

2 シャンプーなどのボトルの底がすでにぬめっていたり、カビが生えていたら、風呂用洗剤をつけたスポンジでこすり洗いをする。

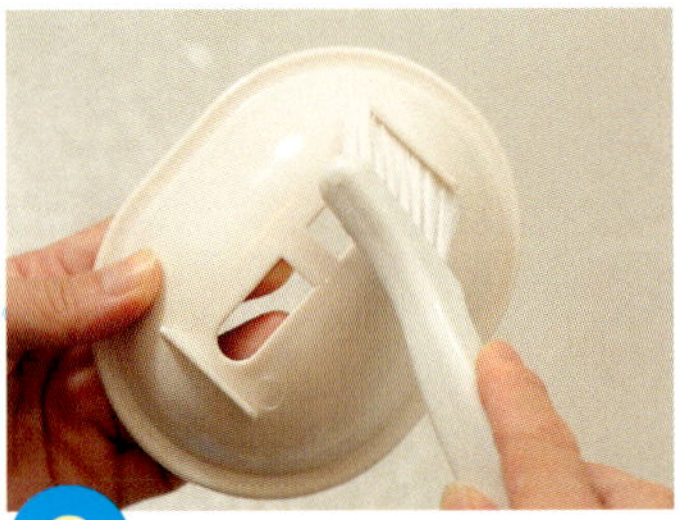

3 小物もすべて水洗い。特にぬめりやすい石鹸トレイの裏や洗面器、いすの裏などはソフト・ハード両用ブラシのソフトブラシを使ってしっかりこする。

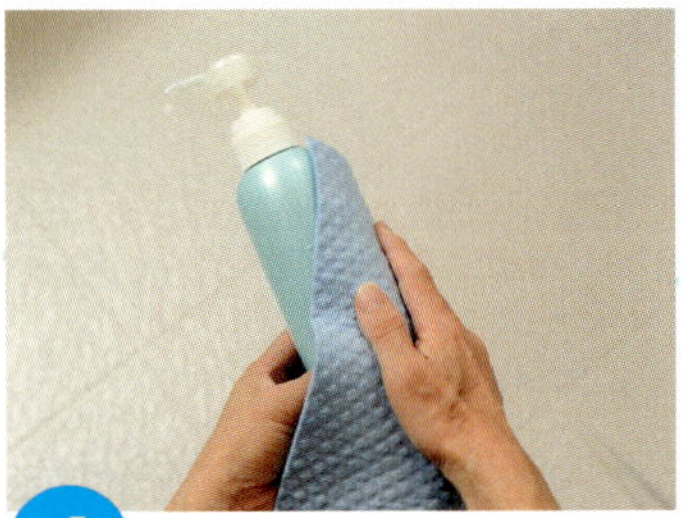

4 洗い終わった小物は絞った吸水クロスで水分を拭き取り、ドアの外のタオルの上に並べておく。不思議なことに浴室は小物を洗うだけでもスッキリ。

浴室全体・洗う

浴室の壁から、シャワー、蛇口、床までスポンジとブラシで洗います。掃除に慣れていないぐうたらさんはむやみに全体を洗おうとしますが、シャワーまわりに比べてバスタブ付近は汚れにくいので頻繁に洗う必要はなし。汚れがある部分も「コ」の字を描くように効率よく。

週2～3回でOK

1 バスタブのふたはカビが生えやすい場所。ピンクカビを見つけたらすぐにカビ用洗剤とソフト・ハード両用ブラシのソフトブラシで磨こう。

週2～3回でOK

2 バスタブのふたにはじゃばらの隙間があり、カビの温床になりがち。月に1回くらいはブラシを縦に動かして洗い、カビを防止して！

毎日やりたい

3 全体をシャワーで濡らす。バスタブ周辺はバスタブより30cmほど上まで、あとは目の高さくらいまで濡らせばOK。毎回、上のほうまで洗う必要はなし。

週1回でOK

4 壁についている操作パネルも忘れずに。汚れがたまりがちな角や下の部分はソフト・ハード両用ブラシのソフトブラシを使って細かく磨く。

毎日やりたい

5 スポンジでバスタブを洗う。直接壁やバスタブ本体に洗剤を吹きかけるのではなく、スポンジにつけることで無駄なく、液ダレによるムラや変色も防げる。

週1回
でOK

6 吸水口など細かい部分はソフト・ハード両用ブラシのソフトブラシで。排水口のヘアキャッチャーなども外して洗う。チェーンもこのときに洗おう。

週1回
でOK

7 鏡、棚、蛇口などすべて風呂用洗剤をつけたスポンジで洗う。タイルの目地や蛇口の細かい部分は傷をつけないようソフトブラシを使って。

月1回
でOK

8 扉のバスタブ側を同様に洗う。扉は下の部分が取り外せる場合が多いので、カビの温床にならないよう外して洗おう。

月1回
でOK

9 ドアノブは付け根に汚れがたまりやすいので、ソフト・ハード両用ブラシのソフトブラシに風呂用洗剤をつけて磨く。カビが生えやすい箇所。

月1回
でOK

10 扉の換気口は手が入らない場合がほとんど。シャワーの水圧で、ホコリなどがたまっているのを洗い流す。ドアを開いて脱衣所側の面から内側へ。

週1回
でOK

11 床を洗う。スポンジでもいいが、風呂用床ブラシがあると力を入れやすくて便利。これも洗剤をブラシにつけてから洗う。

洗い方もきっちり…
コの字形に洗っていきます
四角い部屋を丸く掃くタイプ。

スポンジに風呂用洗剤をつけて泡立て、壁の高いところから洗いはじめる。手の届く範囲ごとに、「コ」の字を描くように。面倒なようでもこれがいちばん効率よくキレイにできる方法。

週1回
でOK

12 最後は排水口。細かい部分までソフトブラシでこする。ぬめりやカビがあれば、カビ用洗剤を使い、ツルツルになるまで洗って。

毎日
やりたい

13 シャワーで全体の洗剤を一気に流す。バスタブなどに洗剤が残っていないか、素手で触ってみるとわかるのでチェックしよう。

浴室全体・拭く

毎日やりたい

洗っただけで満足してはいけません。水けを残したままでは、また湿気でカビの原因となりますし、キレイな印象にならないのです。吸水クロスを使って全体をきっちり拭き上げ、水分を取り除くことがお風呂場掃除の大きなポイント！　仕上げの前の重要プロセスです。

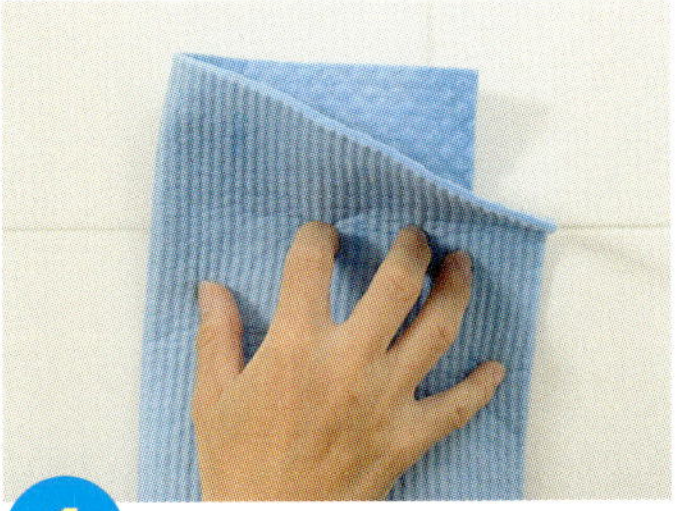

1 掃除の最後やお風呂を使って出るときには全体を吸水クロスで水けをなくすように拭き上げる。

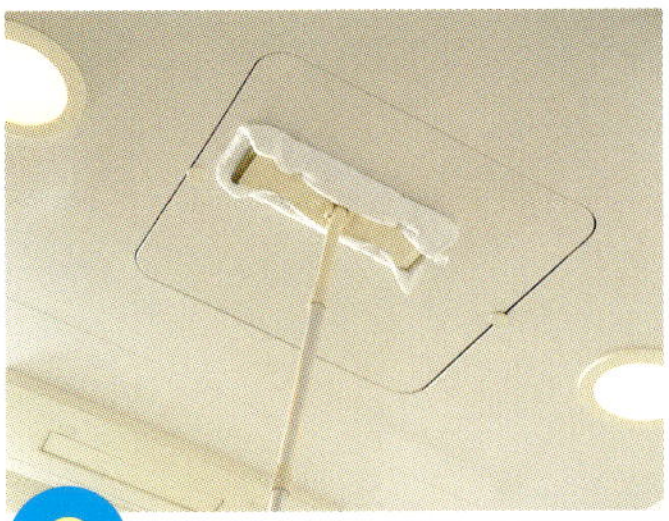

2 シートモップの柄にから拭き用雑巾を装着。湿っぽくなりやすい天井の水けを拭き取ってカビを予防する。

仕上げ

お風呂場掃除の仕上げは、やはり鏡・ステンレスなど、光らせるべきところを光らせることと小物を美しく並べること。そして、シャワーの向きを整えたり、チェーンを美しくまとめるといったワンランク上の仕上がりも目指します。使う人への気配りを忘れずに！

1 シャワーヘッドは使用時に誤って水を出してしまったときのことを考え、バスタブ方向に向けてかける。見た目にも整った印象に。

2 バスタブの栓はへりに置き、チェーンをくるくる。こういったひと工夫で、きちんと片づけられた印象が強まる。

1週間に2~3回

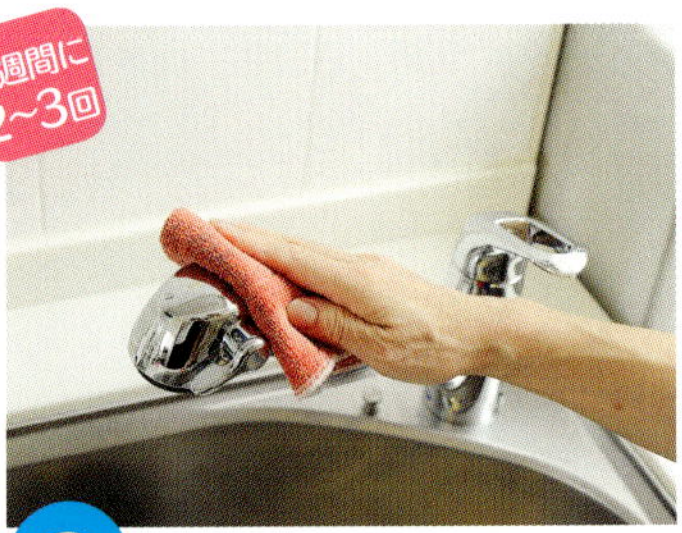

3 鏡、蛇口などのステンレス部分は最終的にマイクロファイバークロスで拭き、ピカピカに光らせるのがキレイに見せるポイントに。

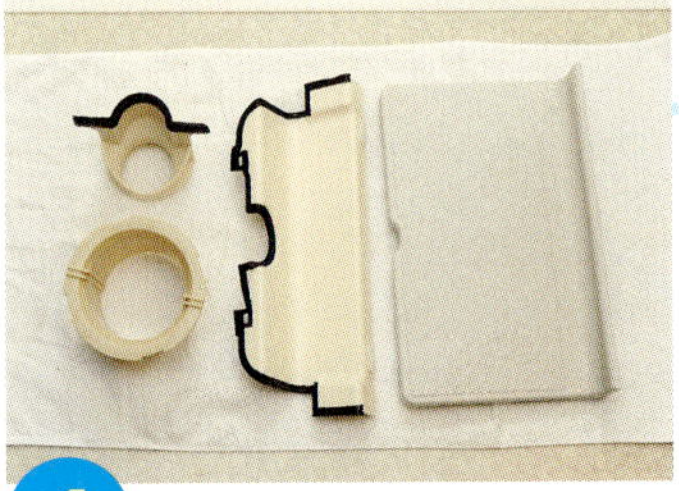

4 排水口の部品、小物を戻す。ボトルは正面を向けて並べ、口の向きを揃えて置くときちんとした状態に見える。

ちょっとひと手間

（その1）

吸水口の掃除には専用の洗剤かクエン酸を入れてお風呂を沸かします。このとき桶やシャワーヘッドを入れておくと一石二鳥でピカピカに。

（その2）

カビ用洗剤は、カビを除くだけでなく、ぬめりを取るのに活躍します。その場合直接ぬめりに吹きかけるのではなく、バケツなどにキレイにしたいものとお湯または水を入れ、カビ用洗剤を加えてしばらくつけおきすると、細かい部分まで行き渡り、さらにプラスチックなどを傷めません。

（その3）

洗剤で何かを洗うときは、ブラシやスポンジに吹きつけてから洗うのが鉄則です。バスタブなどを洗うときも、濡らしたスポンジに風呂用洗剤をつけてから洗いましょう。特にカビ用洗剤など強い薬剤を使う場合は直接吹きかけると物を逆に傷めてしまうことがあるのでワンクッション置くことを必ず守りましょう。

（その4）

忘れがちですがバスタブの栓とボールチェーンにも結構汚れがたまります。スポンジに含ませた風呂用洗剤で洗い、最後にボールチェーンもマイクロファイバークロスで拭いて光らせれば完璧！

（その5）

どうしても最後に水けを拭くのが面倒なら、最後の手段。24時間常に換気扇を回し続けることにすれば乾燥できるので、最低限カビは防げます。

お風呂場掃除ポイントまとめ

お風呂場はしっかり洗って、しっかり水分を取り除くのがポイント。さらに、ステンレスを光らせたり、小物をきちんと並べたりするのが清潔に保たれている状態に見せる近道です。

壁

壁に水滴が残っていると、カビの原因に。吸水クロスで拭き取って、完全に乾いた状態にするのが大切。出るときの習慣にしよう。

シャワー

シャワーヘッドは、最後にバスタブ方向に向けてかけ、突然蛇口をひねって水をかぶることを防ぐひと手間を。

チェーンも栓もきっちり水けを拭き取り、チェーンを栓にくるくると巻き取って。通称「ミッシェル巻き」と呼ばれる完成の証。

鏡

吸水クロスで拭いたあと、マイクロファイバークロスで磨くとますますピカピカに。角度を変えてチェック!

床

後ろ向きに退出して髪の毛が落ちていないか最終チェックを忘れずに。もちろん、水滴が残っているのもNG。

いす・桶

きっちりと拭き上げ、使いやすい場所にいすを置き、桶のピカピカの底が見えるようにのせる。

小物

ラベル、ポンプの口を正面に揃えると整った印象に。少しだけ隙間をあけると使いやすい。

ぐうたらさんの掃除の悩みQ&A

【水まわり編】

掃除は水まわりに始まり、水まわりに終わると言っても過言ではありません。しかもぐうたらさんにとってはできるだけ手を抜きたいエリア。実は疑問のままで見て見ぬふりをしてきたことがいっぱいあるのでは?

Q キッチンの油まみれの換気扇、できるだけ楽に掃除する方法ありませんか?

A 換気扇の掃除はできれば専門家に任せたいのがぐうたらさんの本音。でももし、自力で外すことができるなら丈夫なゴミ袋の中に入れて油汚れ用洗剤をかけぬるま湯を入れてしばらくおき、袋の外から軽くもみ洗い。汚れた水は袋の端を切って捨て、換気扇を取り出してブラシでこすればまあまあキレイになります。袋はそのまま捨ててしまえば手もシンクもあまり汚れずラクちんです。

Q お風呂の鏡がウロコ状になって早数年。解消する方法はあるのでしょうか。

A 根深い水あかがウロコ状になってしまうと、ピカピカにするのは難しいものです。使うのはクエン酸を薄めた溶液。それも、雑巾などではなく、デニムの端切れにクエン酸溶液をつけて拭いてみてください。水は上から下に垂れてつくので、同じように上下に拭くと落ちやすくなります。根気よく、少しずつでも落としてピカピカを目指しましょう!

Q お風呂やトイレのステンレス蛇口が、マイクロファイバークロスで拭いてもくもってる!

A キレイな印象を完成させるステンレスが光らないのはとっても残念。一度徹底してくもりを解消させましょう。ここで使うのは歯磨き粉。掃除用または古い歯ブラシを使い、自分の歯をピカピカにする要領でステンレスを磨きます。汚れがひどくなければ、シェービングクリームもくもりを解消するのに使えるので、お試しくださいね。

Q わざわざお風呂掃除するのは面倒。毎日入浴しながらできることはなんですか?

A お風呂場を清潔に保つポイントは、とにかく水分を残さないこと。お風呂を出るときに、タオルで浴室全体の水滴をざっと拭き取るだけでも、そうじは楽になります。さらに余力があれば、お風呂の最中にスポンジに風呂用洗剤をつけて壁の下のほうだけでもキュッキュッ(毎日少しずつ違うところをやってもいいですね)。最後に冷水で流せばカビも生えにくい!

Q 洗濯機の中から妙な臭いが。どこをどう掃除すればいいのかわからない!

A 洗濯機の中にカビが生えているのかもしれません。専用の薬剤もありますが、クエン酸または酸素系漂白剤でも代用できます。洗濯機にお湯と酸素系漂白剤を入れ、通常の「洗い」コースに。汚れがひどいようなら、数回回してもいいですね。カビの生えた洗濯機で衣類を洗っても、キレイになっているとは言いがたいもの。年に一度くらいは洗濯機内部の掃除を!

Q トイレやお風呂用洗剤には「混ぜるな危険」と書いてあるものが多くて怖いのですが。

A 怖いと思っているくらいでOK。大きくわけて塩酸などが入っている「酸性洗剤」と、強いアルカリ性の「塩素系洗剤」は絶対に混ぜて使ってはいけません。非常に危険な事故につながりかねません。■代表的な酸性洗剤→サンポール、トイレルック、ワイドハイターなど■代表的な塩素系洗剤→キッチンハイター、カビキラー、ドメストなど

2 玄関まわりのお掃除編

重要度が高く、比較的キレイにしやすいエリア

水まわりの次にぐうたらさんが手をつけるべき場所は玄関。人の目につきやすく、古来から「よい運気」を招き入れるための重要な掃除エリアです。しかし、ぐうたらさんの玄関には「何人住んでるの!?」という数の靴が並び、掃除機もかけにくいのでホコリもたまりがち。玄関は来客だけでなく、たとえば宅配便のお兄さんなど、訪れた人全員が目にする場所。そのたびに「あー、ごめんなさい……」とネガティブな気持ちを持っているとよい出会いも訪れなければ、素敵な発見もできません。やはりキレイに片づけておくのがいいに決まっています。そして、玄関の中だけキレイにしても未完成。来客は、まずドアの外側を見ます。ぐうたらさんのあなたは、いつ最後に自分の家のドアホンに触れましたか？　一度も触っていないという人もいるかもしれませんよね。そんな「盲点」もきちんと掃除して、清々しい「家の顔」を作りましょう！

ドアの外側

自分自身も毎日欠かさず通る玄関。ドアから床までくまなく拭き上げると、今まで感じられなかった清清しさが必ず手に入りますよ！

ぐうたらさん向け

お掃除のコツとワザ

- 玄関ドアの掃除は、
  人目につく外側から、が基本!
- 自分は触らない「ドアホン」は
  来客のために意識して
  キレイにしておきたい!
- 汚れた「表札」では
  あなたのイメージも運気もダウン!
  帰宅時にホコリを払う習慣を。
- 毎日触るドアノブには手垢や脂が。
  帰宅時にさっと拭くクセをつけましょう。
- 何日も出しっぱなしの傘は家に
  「貧乏神」が取り憑く目印。
  さっさと片づけよう!

ドアホン＝家の顔

そういえば一度も掃除したことないかも…

玄関まわりのお掃除編

ドアの内側

「じゃあ、またねー」という瞬間に目にするドアの内側。最後にホコリがどっとたまっているのを見たら、いくら楽しい時間を過ごしても来客はがっかり……。最後まで気が抜けませんよ！

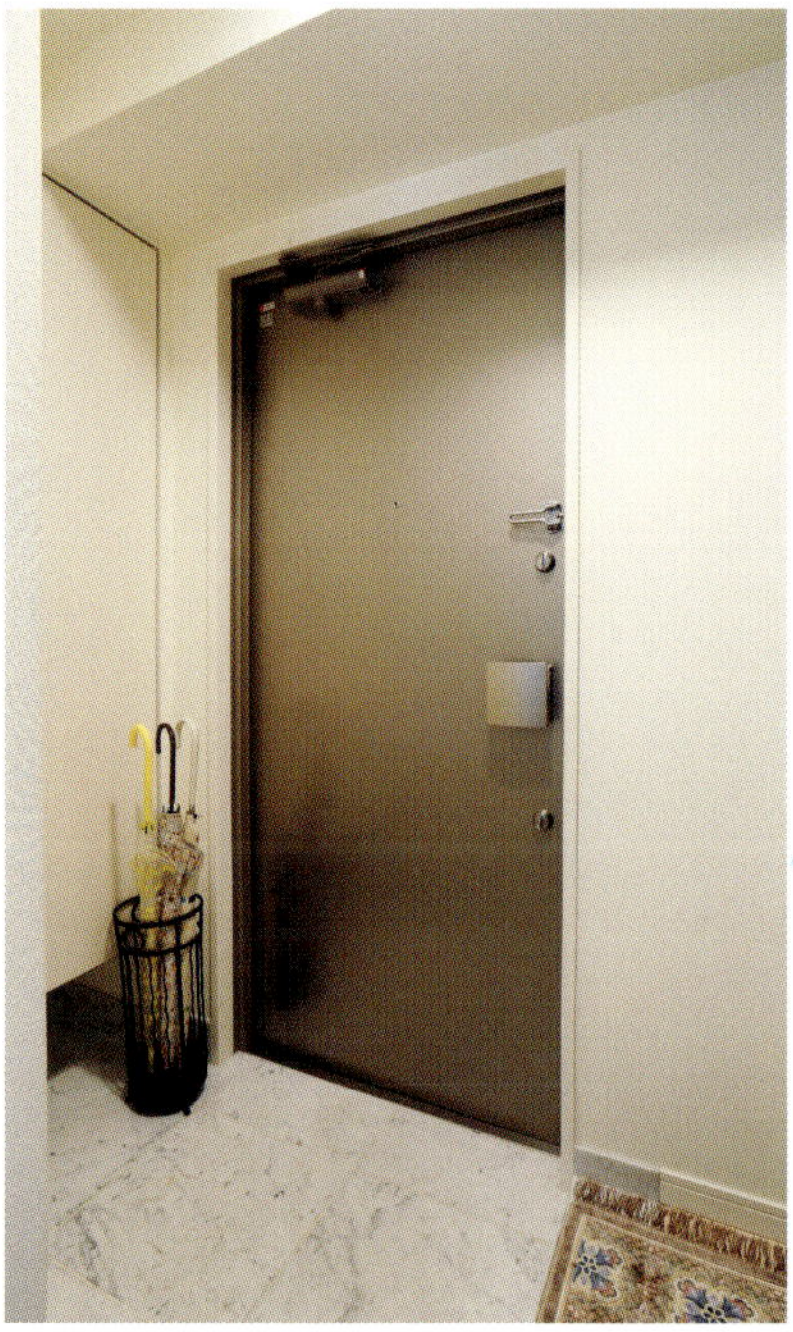

ぐうたらさん向け
お掃除のコツとワザ

- 靴の出しっぱなしは厳禁!
  靴箱にしまうクセをつけて。
- ドアを開け、意外と見られている
  敷居や側面もピカピカに。
- 外からホコリが入ってくる場所だから
  すみずみまでていねいに掃除機がけを。
- ホコリを取るだけでなく、拭き掃除をすると
  スッキリ感が倍増!

玄関まわりのお掃除編

小物・靴箱など

玄関の小物まわりには、外から入ってきた汚れやホコリがたまりやすい場所がいっぱい。残さず撃退して、スッキリしたあとは好きなものを飾っても。

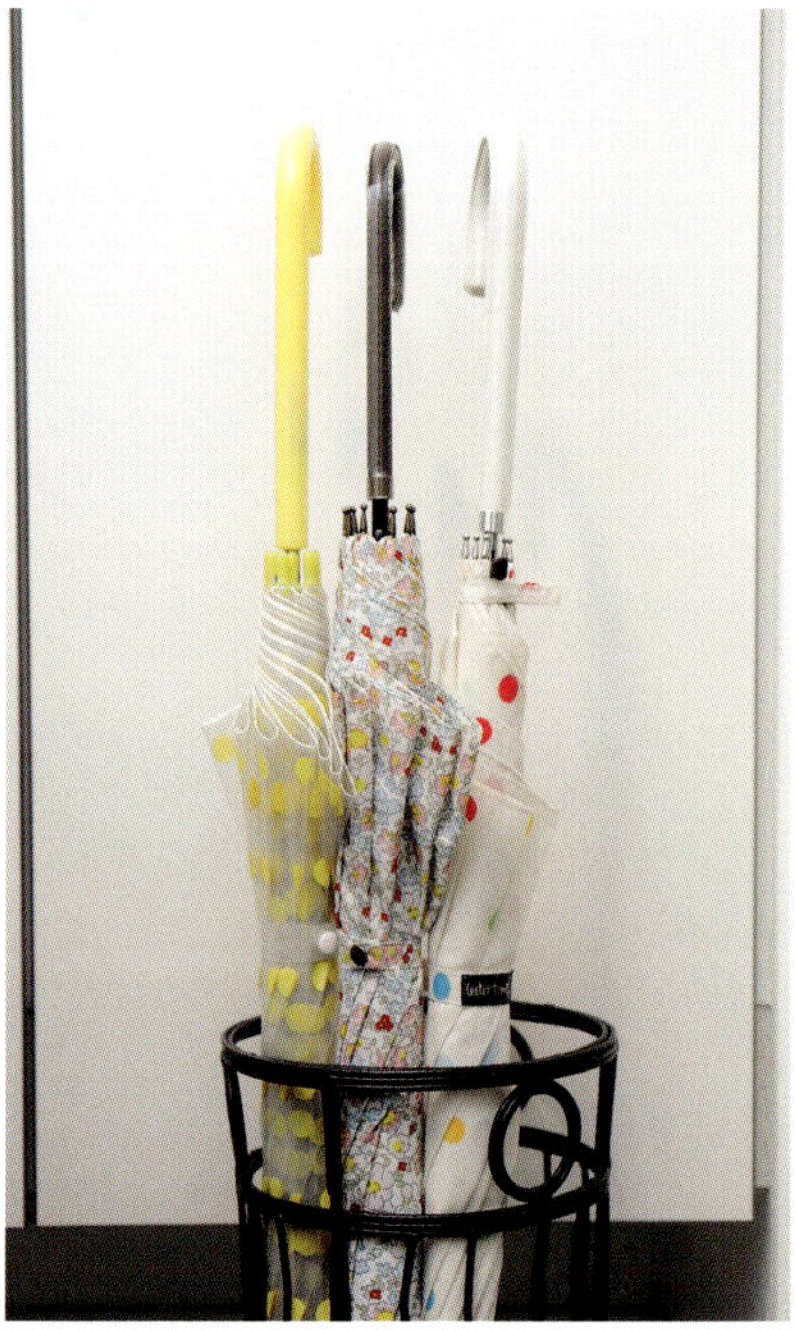

ぐうたらさん向け
お掃除のコツとワザ

- いやな臭いや汚れがこもりがちな靴箱は
  履かない靴を処分してスッキリと。
- 靴箱の中には除湿剤や消臭剤を置いて
  臭い対策をしてもGood！
- 傘立てが出ている場合は、
  持ち手の向きを揃えて配置してみて。
- 玄関マットの毛並みとフリンジを
  揃えるだけで、きちんとした印象に。
- キレイに片づいた玄関には花や
  好きな小物を飾ってハッピーな雰囲気に。

ドアの外側

毎日拭く必要はないけれど、拭くと不思議なほどスッキリするのが玄関。掃除に達成感と見栄を必要とするぐうたらさんにはモチベーションが高まる場所。訪れた人は全員が目にする場所ですから、まずここから始めてみましょう。

コレがあればラクラク
道具と洗剤

- □ 雑巾（水拭き用、から拭き用）
- □ マイクロファイバークロス

最初にすること

玄関まわりで最初に拭くのはドアの外側。右手に水拭き雑巾、左手にから拭き雑巾を持って、外側に回ります。訪れた人が最初に見て、触れるドアホンから拭き始め、ドアは上の端から「コ」の字を描くように、重複しないよう拭きましょう。

1 家の顔をキレイにするのは大切なこと

玄関掃除は家の中にいると忘れがちなドアの外側から。家の顔となるドアホンを右手に持った雑巾で水拭き。

2 水拭きしてから拭きの原則はここでも有効

次に左手に持ったから拭き雑巾で拭き上げる。表札も同様に拭いていこう。

ドア

年2回でOK

必殺「コの字拭き」でまんべんなく、無駄なくドアも水拭き→から拭き。上の端からスタートし、「コ」の字を描くようにまんべんなく、かつ重複しないように拭くのがコツです。右手、左手と交互に動かしてリズミカルに！

1 ドア全体につづいて鍵穴のまわりも雑巾で水拭き→から拭き。ステンレス製ならピカピカになるよう付け根までしっかりと磨き上げよう。

2 ドアノブは毎日手で触る部分なので汚れもたまりがち。雑巾で水拭き→から拭きして、しっかりと手あかなどの汚れを拭き落とす。

3 水拭き→から拭きに慣れてきたら、ときには両手を同時に動かして、どんどんスピードアップ！ ドアノブを動かしながら拭き進めて。

4 最後は水けを残さないように、しっかり拭き取ることが大事。ドアノブもステンレスならマイクロファイバークロスで仕上げるのがオススメ。

5 ドアを少し開け、側面を拭くのも忘れずに。やはり水拭き→から拭きで、細い隙間には指を立てて溝の中までしっかり拭く。

玄関まわりのお掃除編

ドアの内側

ドアの外側と内側って、「家の外」と「家の中」。つまり、内側は外から汚れが直接持ち込まれる場所。ここをキレイにしておかないことには、快適な生活はできません。靴を片づける、ホコリをためない、そんなことから始めましょう！

コレがあればラクラク
道具と洗剤

- □ 雑巾（水拭き用、から拭き用）
- □ 掃除機（ハンディクリーナー）
- □ ノズルまたは使い捨てられるトイレットペーパーの芯

最初にすること

ぐうたらさんの玄関にありがちなのは靴の出しっぱなし。これはすぐさま片づけ、今後は「脱いだら靴箱」を実践します。また、ドアの側面や敷居は、意外と来客の目につくものです。「キレイな部屋でくつろいだな〜」と思ったあとに砂ボコリがたまって汚れた敷居をまたぐのは残念！

1 靴の出しっぱなしをまず解消！

毎日やりたい

三和土《たたき》に靴が出しっぱなしになっているのは掃除の妨げにもなり、美しくない。一度だまされたつもりで脱ぎたての1足以外は靴箱にしまう習慣をつけてみて。

ちょっとひと手間

靴をすぐ片づけられない原因のひとつに「靴箱パンパン状態」があります。スッキリと余裕のある状態なら、靴を片づけるときもストレスがありません。不要な靴は処分して、まずは靴箱の中に空きスペースを作って。

2 玄関の敷居は家の住人の顔と同じ

週1回でOK

ドアを開け、敷居を拭く。来客が意外と見る部分なので、隙間には指を立て、溝、縁までしっかりと雑巾で水拭き→から拭き。

3 通る人の頭上にホコリが落ちてはダメ

週1回でOK

ドアクローザーの上にも汚れはたまっている。やはり指を立て、細かい隙間の汚れも落とす。雑巾で水拭き→から拭き。

靴をちゃんとかたづけただけで
スッキリ感倍増!!

三《た》和《た》土《き》・床

週2～3回でOK

玄関の床は掃除機をかければそれで充分と思っているぐうたらさんは多いことでしょう。しかし、雑巾で水拭き↓から拭きで仕上げると、清々しさが全然違います。床が大理石の場合は、雑巾の水分を吸収してしみになることがあるので、かたく絞った雑巾のみで拭きましょう。

1 ホコリがたまりやすいうえに、目立つのが玄関の三和土。隅にホコリがフワッ！なんてことがないよう、角まできっちりとそうじ機を。

2 そうじ機がけが終わったら、三和土を雑巾がけします。三和土の素材はおうちによって違うので、石素材でなければ水拭き→から拭きでも。

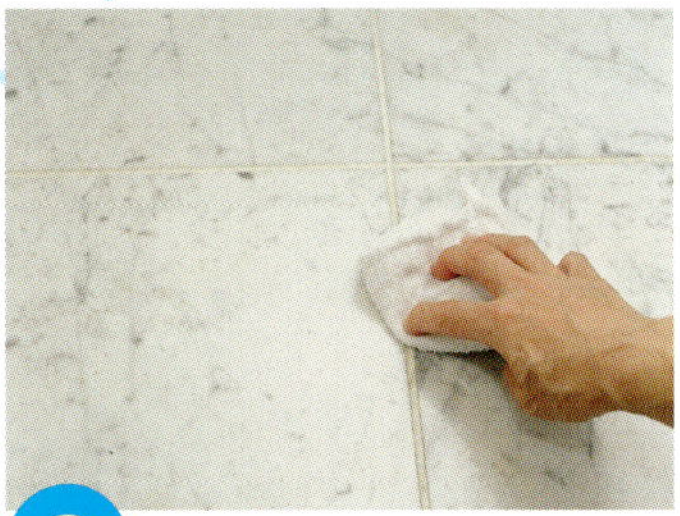

3 三和土の素材がタイルなどの場合は目地に汚れがたまりやすいもの。雑巾で拭くときに爪を立てて拭くか、ひどければ竹串を使っても。

ちょっとひと手間

（その1）

もし部屋にも使う掃除機のノズルを土が付く玄関の床に直接触れさせるのに抵抗があるならトイレットペーパーの芯を使えば終わったらポイ捨てできてサイズもピッタリ。

（その2）

しっかり雑巾を絞りたいときは、雑巾を左右逆手に持って「硬絞り」すると水分を含まず、よく絞れた雑巾になる。逆に水を含む雑巾を作りたい場合は順手にして絞る。

玄関まわりのお掃除編

小物・靴箱など

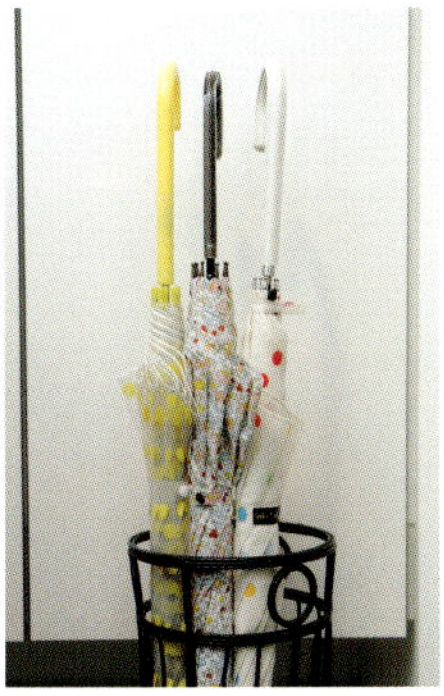

ウェルカムの気持ちを伝える玄関マットも、整えておきたいアイテムのひとつですが、やっぱり掃除機をかけるだけで満足していませんか？　粘着ローラーでホコリやゴミをもっと細かく取り、最終的には手でフリンジ部分を整えるとキレイ。傘立ても収納できないなら持ち手の向きを揃えて。

コレがあればラクラク 道具と洗剤

- □ 粘着ローラー
- □ 重曹（靴箱の臭い取り）

週2～3回でOK

1 玄関マットは粘着ローラーでゴミを取り、毛並みを揃える。手でフリンジを揃えるだけでもかなりきちんとした印象になる。

2 傘立ての揃え方で印象が変わるんです！

上の写真のように、傘はベルトをきちんと留め、持ち手の向きを揃えておくのがポイント。収納できる場所があるなら乾かしてから入れること。

3 仕上げはハッピーな空気を演出して

玄関は人や空気の通る場所。すっきり片付けたあとは、お花や小物を飾っても。いい香りのアイテムを置くのもオススメだ。

玄関掃除ポイントまとめ

家の顔だからこそ、キレイにしておきたい玄関。
外からの入り口なのでゴミやチリも入りやすく、
拭き上げるととってもスッキリしますよ。

ドアの外側
上から下まで水拭き→から拭き。ドアホンや表札など、来客（だけ）の目につく部分をしっかり仕上げて！

ドアの内側
側面や細かいところまできっちり拭けているかチェック。ステンレスの部分はよく磨いて光らせるのがコツ。

傘立て
傘の持ち手の向きを揃えるだけで、雑然とした印象を避けることができ、出し入れもしやすくなる。

ドアノブ
ステンレス製で触る機会の多いドアノブはしっかりと磨き上げて光らせる。余力があればマイクロファイバークロスを使っても。

ドアの敷居
外から持ち込まれる汚れがたまる、家の内外の境界線。雑巾で拭いて、いつも清潔にしておこう。

三和土《たたき》・床
靴が出しっぱなしになっていないだけでもスッキリ。ホコリや土が落ちていないか最終チェックをして、いつも清潔な印象に。

玄関マット
粘着ローラーでゴミを取り、フリンジを手で揃えるだけでも充分だが、全体の毛並みまで揃えると、きちんとした印象がアップ。

3 キッチンのお掃除編

キッチンは女が上がる掃除ポイント！

ぐうたらさんの中には、「料理を作るのは好きなんだけど後始末が苦手」という人も多いですよね。あとでキレイにしよう、今はちょっと目をつぶろうと思っているうちに汚れが強固になって、お手上げ状態というのもよくある姿。また、料理上手をアピールするチャンス！とホームパーティを開いたとしても、お手伝いしようとキッチンに来てくれた人に汚れた状態を見られ、「ゲゲッ」と思われては、料理で上がった株が急降下してしまいます。もちろん、そもそも人を招いてホームパーティを開くなんて夢のまた夢、という人も多いでしょう。そう、人を呼べる部屋には、ピカピカに磨き上げた美しいキッチンは不可欠なのです。

そのために、普段から汚れをためない掃除のコツを覚えましょう！

キッチンのお掃除編

シンクまわり・調理台

生ゴミも発生するシンクまわり。食器用中性洗剤、泡状漂白剤を駆使して、いつも清潔にしたいものです。仕上げは水分を残さず拭き上げて！

ぐうたらさん向け

お掃除のコツとワザ

- 洗い物があればまずは洗って拭き、収納する。
- 水きりカゴなど動かせるものは端に寄せて作業する。
- 生ゴミ受けなどは泡状漂白剤を使ってすみずみまで清潔に。
- 蛇口の付け根など細かいところは汚れがたまりやすいので念入りに。
- 吸水クロスを使って水分を残さず拭き上げて。
- ステンレスの蛇口を光らせてピカピカの印象に。

キッチンのお掃除編

ガス台まわり

料理のたびに汚れがたまり、放置すると落ちにくくなってしまうガス台や換気扇の汚れ。早めにキレイにするクセをつけて、料理を快適に！

どうたらさん向け

お掃除のコツとワザ

- 汚れがこびりついていそうな五徳などをまずチェック。
- 「掃除は上から」の鉄則で、吊り戸棚などから作業を開始。
- ガス台は五徳類のない広い状態で掃除していく。
- 調味料などの小物はひとつひとつ拭きながら掃除場所をあけていく。
- 油がはねるコンロまわりの壁は汚れがひどければスポンジで洗う。
- 意外と手あかがついているスイッチ類をきちんと拭く。

キッチンのお掃除編

家電類

毎日のように使う調理家電も手あかや油汚れがたまっています。こまめに拭き掃除をして、清潔さを保てばますます料理上手に!?

どうたらさん向け

お掃除のコツとワザ

水アカ
油汚れ
臭い
キッチンまわりの掃除っていちばん気が重い

- 冷蔵庫の取っ手や扉は手あかがつきやすいのでまめに拭く。
- 冷蔵庫の中まで掃除するのは年に2回で充分。
- 電子レンジは外側も内側もていねいに拭いて清潔に。
- 電子レンジの内側の汚れがひどければ濡れぶきんをチン!
- 炊飯器は米粒などが残らないよう普段から注意して。
- スイッチ類は指先に食器用中性洗剤をつけてこすり、軽く拭けば OK。

シンクまわり・調理台

洗い物をため込みがちなぐうたらさん。お腹がいっぱいになると洗うのが面倒になってしまう気持ち、よくわかります。しかし、これはもうできるだけさっさと洗うしかないもの。腹をくくってまずはすべての食器を洗い、拭いて収納します。調理をしたら調理台を拭き上げ、食事が終わったら食器を洗って収納する、これがキレイなキッチンを保つ鉄則になります。基本的に汚れがあまりなければ、シンクまわりの掃除はそう難しいものではありません。とにかく体を動かしましょう！

コレがあればラクラク
道具と洗剤

- □ 泡状漂白剤
- □ ソフト・ハード両用ブラシ（排水口用と食器まわり用別に）
- □ クエン酸
- □ 吸水クロス
- □ クリームクレンザー
- □ マイクロファイバークロス

最初にすること

なにはともあれ洗い物を済ませ、掃除のためのスペースを作ります。また、シンクには「生ゴミ」という強敵も存在。まずは生ゴミを処理し、生ゴミ受けなどカビやぬめりの発生しそうな場所をチェックしてみましょう。シュッと吹きかけるだけでキレイにしてくれる、ぐうたらさんの頼れる味方・泡状漂白剤でまずは汚れを分解して。

1 食器洗いをして シンクをあける

毎日やりたい

掃除のためのスペースを確保するのは大事なポイント。シンクにある食器は洗って水きりカゴに上げ、拭いて収納しよう。

2 水きりカゴは 収納場所ではない！

週1回でOK

水きりカゴの箸入れなどにぬめりがあれば泡状漂白剤を吹きつけておく。ハード・ソフト両用ブラシの食器まわり用のソフトブラシで磨き、流して吸水クロスで拭き上げる。

3 水きりカゴには 水あかがいっぱい

週1回でOK

水きりカゴも食器用洗剤で洗い、流して拭く。下皿に水あかがついている場合は、クエン酸やレモン汁をつけて磨いて。

あーーっと
先に食器を洗わなくっちゃ！
ゴチャ…
「片づけ」をちゃんとすると「掃除」がぐーーんと楽になりますよ

シンク

シンク自体だけでなく、生ゴミ受けや水きりカゴをきちんと洗うことも、キレイに見せるポイントです。特に生ゴミ受けは放っておくと臭いやカビ、ぬめりの発生源に！　ぐうたらさんが「食器置き場」と勘違いしている水きりカゴもいつも清潔に。

1 生ゴミをためるゴミ受け、排水口はぬめりやすいもの。泡状漂白剤を排水口掃除用のソフト・ハード両用ブラシのソフトブラシに吹きかけ、すみずみまで磨き上げる。

2 ぐうたらさんの場合、生ゴミ受けまではなんとか手入れしていても排水口本体は見て見ぬふりが多いかも。でも、臭いの大元はここ。泡状漂白剤で殺菌しブラシでこするだけで全然違う。

3 蛇口まわりはスポンジやブラシに食器用中性洗剤をつけてこする。特に蛇口の付け根や回す結合部分などは汚れがたまりやすいので念入りに。

4 泡をたっぷりつけて洗っていく。蛇口は少し動かしながら洗うと、隙間の奥までブラシが届く。ぬめりがあれば、泡状漂白剤で。

5 シンクの中、まわりはかたく絞ったふきんでよく拭く。水分が残るようなら吸水クロスを使って水分を残さないように仕上げる。

調理台

調理をしたら拭き、キレイに保たれているはず……の場所ですが、ぐうたらさんはそうはいきません。また、一見キレイでも汚れは壁や小物の影にも潜んでいますから、「キッチン掃除」のときにはすみずみまで拭いてみて。とってもスッキリしますよ。

1 調理台、調理台の壁は基本的に使うたびに拭き上げる場所。キッチン用の雑巾で水拭き→から拭きを。

ちょっとひと手間

シンク内に水あかなどの汚れがこびりついてきたら重曹をふりかけるか、クリームクレンザーで優しく磨いて吸水クロスで拭き上げればピカピカに。金タワシなどで無理矢理こすって傷をつけないように注意。クレンザーでも細かい傷ができてしまうことはあるので、傷を気にする人は、使い終わりに水滴を残さずシンクの中まで拭くことを習慣にすると汚れが残りにくくなります。

仕上げ

パッと見をスッキリさせつつ、清潔感を保つことが目的になります。物の多い場所ですが、直角・平行に物を並べ、水きりカゴなども立てておくと「掃除完了！」の証になります。新しいタオルを三つ折りにしてかけ、ピシッとした印象をつけましょう。

1 ステンレスを光らせると達成感が！　マイクロファイバークロスを使い、蛇口などステンレスの部分を光らせて仕上げる。

2 手を拭くタオルを新しいものに替える。タオルは三つ折りにし、縁が見えないようにかけるとキレイに見える。

ガス台まわり

あらゆる掃除の中の最大難関と言ってもいい、ガス台、換気扇、魚焼きグリルを含むこのエリア。ただでさえぐうたらさんは「こまめに拭く」が苦手。けれど、ガス台まわりに関しては、特に「汚れがつきたて」と「放置したあと」では、掃除にかかる労力がまったく違います。このエリアの主な汚れ要素である油は温度があるうちに拭き取れば比較的簡単にキレイになりますが、冷えて固まり、そこにホコリなどが加わりだすと汚れはモンスター化。調理が終わったらすぐ洗うのがいちばんですが、面倒ならキッチンペーパーで油を拭くだけでも違います。

コレがあればラクラク 道具と洗剤

- □ 油汚れ用洗剤
- □ 食器用中性洗剤
- □ 雑巾（水拭き用、から拭き用）
- □ スポンジか歯ブラシ

最初にすること

ぐうたらさんはためにためた油汚れを、時間をかけて落とすことから始めましょう。五徳類、魚焼きグリルをつけおきします。そのためには当然洗い物を終え、シンクを広々使えるように！

1 まずはマットを汚さないようにどける

キッチン掃除のスタートは、キッチンマットをたたむか丸めて置いておく。洗濯できるものであれば洗濯機に入れて洗う。

2 場所を確保し、傷防止の布を敷く

掃除は時間がかかることから。食器を片づけてあいたシンクにタオルなどを敷き、五徳・受け皿には油汚れ用洗剤を吹きかけておく。

3 油汚れが気になるグリルはつけおき

魚焼きグリルの汚れは落ちにくいもの。たらいなどにお湯を張って食器用中性洗剤を少し入れ、つけおきする。

4 年1回でいいけれど換気扇もつけおきを

換気扇を外し、油汚れを取る。油汚れ用洗剤を溶かしたお湯にひたし、ソフトブラシでこすってから拭き雑巾で拭く。

コンロまわり

すぐコンロに着手したくなりますが、「掃除は上から」を忘れずに。あとから吊り戸棚に手をつけると、掃除したところにホコリやゴミが落ちてきて二度手間になります。汚れの度合いに応じて油汚れ用洗剤と水拭き↓から拭きを判断して。

月1回でOK

1 掃除は上から！の鉄則に従って、まずは吊り戸棚の表面を拭く。濡れた雑巾と乾いた雑巾で、水拭き→から拭きを効率よく。

2 キレイに見えても、意外と油などが飛んでいるコンロまわりの壁。お風呂場の壁と同様に、「コの字」を書くように無駄なく拭いて、丸ごとスッキリ。

年2回でOK

3 拭き忘れがちなのが換気扇のスイッチ。油がついた手で触ることも多いので汚れている。吊り戸棚同様、水拭き→から拭きで。

週1回
でOK

4 コンロまわりの小物は、ひとつひとつ手にとり、雑巾で水拭き→から拭きして掃除場所をあけていく。

月1回
でOK

5 油がはねるコンロまわりの壁を水拭き→から拭き。汚れがひどければ油汚れ用洗剤をスポンジにつけ、泡立てて洗い、雑巾で水拭き→から拭き。

月1回
でOK

6 油汚れ用洗剤をスポンジにつけて泡立ててこすり、雑巾で水拭き→から拭きする。ガスの噴き出し口に水がかからないように注意。

7 五徳類はまず油汚れ用洗剤をスポンジにつけ、よく泡立てて洗う。直接液を吹きかけたり硬い物で五徳をこすらないこと。

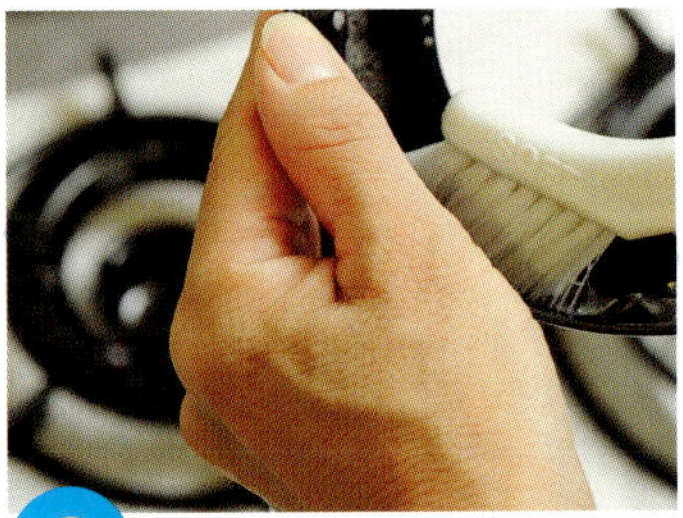

8 スポンジや歯ブラシで五徳などの裏側も洗う。その後、洗剤を洗い流し、乾いたふきんで拭き上げてガス台に戻す。

9 内側の部品もスポンジか歯ブラシで磨きます。小さな隙間にも汚れが詰まっていることがあるので、ブラシを細かく動かして。

使うたびに
洗いたい

10 魚焼きグリルの換気口部分は、汚れがとてもつく場所。ここも忘れずに外して五徳と一緒にスポンジか歯ブラシで洗う。使うたびに洗えば、毎回の掃除がラクちんに。

11 ガス台のスイッチまわりは手あかや油汚れがつきやすく、棚の扉も汚れが飛びがち。水拭き→から拭きで拭き上げよう。

ちょっとひと手間

五徳や魚焼きグリルの汚れが本格的にひどいときは重曹をふりかけ、熱湯をかけます。汚れが浮き上がり、その後の作業がかんたんに！

キャー
頬ずりしたいくらい
ピッカピカー
ステンレスが多い台所は
達成感も大きいのよね
ふふ

家電類

内蓋も内釜も外して
しっかり掃除

コレがあればラクラク
道具と洗剤

- □ 雑巾
  (水拭き用、から拭き用)
- □ 食器用中性洗剤
- □ スポンジ
- □ ふきん

ちょっとひと手間

食品保存棚、食器棚、引き出しの中などは、年に1回は中身をすべて出して雑巾で水拭き→から拭き。アルコールスプレーで仕上げても。

なんとなく毎日見ていると汚れに気付きにくい家電製品。テーブルや調理台は毎日拭いて、食器や鍋などを毎日洗っている人でも、電子レンジや冷蔵庫の中を毎日拭いたり、中皿を毎日洗ったりはしていないことが多いでしょう。調理家電も立派な掃除場所。毎日触れる冷蔵庫は確実に手あかがつき、電子レンジの中には油が飛んでいるかもしれません。汚れに気づいたらすぐにさっと拭く習慣をつけていきましょう。

冷蔵庫

冷蔵庫をまったく触らない日はほとんどないでしょう。しかし、ぐうたらさんのお掃除リストからは漏れがちなのでは？ 料理中の手で触る、取っ手部分やドアは、意外と汚れているものですから、できるだけ毎日拭き上げて。あとは月一回でキレイを保てますよ！

月1回
でOK

1 冷蔵庫はすみずみまで掃除するのはたまにでOK。普段の掃除では目で見て、素手で触って、油汚れがあるところを雑巾で水拭き→から拭き。

年2回
でOK

2 冷蔵庫の中棚などは取り外し、食器用中性洗剤をスポンジにつけて泡立て、シンクで洗い、流してから拭きする。

電子レンジ

やはり食品を扱う電子レンジも、汚れがちなもの。特に、いつも何気なく食べ物を出し入れしていた電子レンジの中を見て驚愕！ なんてこともあります。手で触る部分をキレイに保つほか、ときには内側の汚れをチェックして、汚れをためないように注意しましょう。

年2回
でOK

1 外側、内側ともに雑巾で水拭き→から拭き。特に汚れた手で触る部分は薄めた食器用中性洗剤を含ませた雑巾を使うと楽に汚れが取れる。

使うたびに
やりたい

2 電子レンジの中でグルグル回るお皿は取り外しかんたん。できれば使ったあとは汚れをさっと拭き取って。洗うのはたま～にでOK。

たまに
思い出し
たら

3 内側の汚れがひどいときはしっかり濡らしたふきんを入れ、500Wの場合なら30秒を目安に加熱。汚れが浮いたところを拭けばラクちん。

炊飯器

毎日ご飯を炊く炊飯器も、実は汚れがちな場所です。使うたびに拭けばまったく問題ないのですが、ためてしまうと汚れが目立つ、ぐうたらさん泣かせの調理家電なのです。ごはんを炊いたあとは、炊飯釜を洗う流れで炊飯器も全体を拭いて清潔を保ちましょう。

使うたびにやりたい

1 表面、内側ともに雑巾で水拭き→から拭き。内釜は取り出し、蓋《ふた》の付け根などは指先を使ってすみずみまできちんと拭こう。

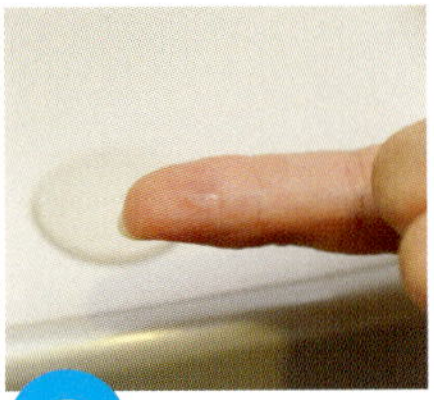

2 スポンジやブラシにひけを取らないのが、「指先」。汚れの感覚もわかるので実は超優秀！特に炊飯器などのプラスチックは、指先に食器用中性洗剤をつけて。

年2回でOK

3 たとえば炊飯器の蓋《ふた》を開けるボタンはいちばん手あかがつきやすい箇所。このように指先でこすって汚れを浮かせ、水拭き→から拭きで仕上げよう。

キッチン掃除ポイントまとめ

キッチンの仕上げは清潔さが重要です。水分を残さず拭き取り、清潔なタオルやマットを配置。そして、次にキッチンを使うことを考え、使いやすい状態にすることも肝心です。

調理家電

表面に手あかや油汚れがないように仕上げる。中皿などがきちんと装着されているかどうかもチェックして、すぐ使えるように！

小物

使いやすい場所に配置し、ボトル類はラベルと口を正面に向けて並べる。水きりカゴや排水口などもきちんとセットしよう。

ガス台

油汚れをキレイに落とし、清潔に。五徳を動かしたので、火が着くかどうかチェックし、次に使うときに慌てないようにしよう。

タオル・マット

タオルは三つ折りにして垂直に垂れるように。マットは髪の毛やホコリをチェックし、キッチンと平行になるようキレイに配置して。

シンク

水分が残っていないか確認する。蛇口を触り、水滴が落ちないかどうかもチェック。時間が経ってから落ちることもある。

4 居室エリアのお掃除編

まずは挑戦！　その快適さを体験して

家にいるときにいちばん長い時間を過ごす場所です。本当にくつろげているかどうか正直に自分の心に聞いてみましょう。綿ボコリや落ちた髪の毛が目についたり、ぐちゃぐちゃの布団やシーツを「誰が見るわけでもないしいいや」と自分では思っていても、結局それが無意識に精神面のストレスになっていることも。

また、もしも部屋に人を招くことになれば散らかったリビングを片づけ、掃除し、来た人が「もっといたい」「また来たい」と思ってくれる空間を作らなければ！　ここでの最大のポイントは、ホコリを落とし、掃除機をかけること。それだけのことがとても困難に思えるぐうたらさんですが、柄が伸びるハンディモップと掃除機があれば、さほど難しいことではないのです。

慣れないと難しいと思って尻込みしてしまうかもしれませんが、一度やり遂げてみれば、その気持ちよさ、快適さに大満足。これがやる気のもとになるはずです。

居住エリアのお掃除編

リビング

いつでも人が遊びに来られて、来た人と一緒にくつろげる快適なリビングが手に入ったらもう誰もあなたをぐうたらさんなんて呼ばないはず。そんな日常を味わってみましょう！

ぐうたらさん向け

お掃除のコツとワザ

1 居室内

- 窓を開け放ち、空気を入れ替えてから掃除をする。
- ハンディモップを使って高いところからホコリを落とす。
- インターホンなど手で触るものはハンディモップでホコリを落とす。
- 床は目に沿って掃除機をかける。
- 家具はそのつど動かして掃除機をまんべんなくかける。
- ドライタイプのシートモップで仕上げる。

2 家具・インテリア

- 布製のソファや椅子は掃除機と粘着ローラーで汚れをキャッチしてポイ。
- 革製のソファは専用クリーナーを使って拭く。
- 背もたれと座面の隙間はゴミがたまりやすいのでチェック。
- テーブルやチェストなどは専用の台ぶきんなどで水拭き→から拭きでOK。
- 椅子などの脚の裏は、雑巾で水拭きするとホコリがつきやすくなるのでから拭きを。
- 年に2回はエアコンのフィルターを洗う。

居住エリアのお掃除編

ベッドルーム

眠りの時間が大切なことはわかっているけれど、ほとんど人に見せない部屋だからついつい衣類の山や慌てて運び込んだ見られたくないもので倉庫状態なんて人も多いはず。

どうたらさん向け

お掃除のコツとワザ

- リビングと同様にホコリを落として掃除機をかける。
- ベッドメイキングは手順を覚えて効率よく。
- 洗濯前の掛け布団カバーを布団の仮置き場に利用。

- ベッドメイキングの仕上げは掛け布団カバーをつまんで空気を入れ、布をピンとさせる。
- 枕を立てて置くとホテルのような仕上がりに。
- たたみにくいボックスシーツはコツを覚えてきっちりたたむ。

ホコリがキラキラしてる〜♡
フッ
それが見えなくなるまでがんばりましょうね

リビング

1 居室内

来客がほとんどの時間を過ごし、自分もくつろぐリビングは、いつもキレイにしておきたいもの。まずは散らかった物を片づけ、ハンディモップでホコリを落とし、掃除機をかけ、雑巾やシートモップで拭くのが基本的な手順です。ホコリをやっつけるときは必ず窓を開け、換気をよくすると気分がリフレッシュされ、掃除にもやる気が出るはずですよ。まずは一度、自分の手でピカピカにしてみましょう！

コレがあればラクラク
道具と洗剤

- □ 雑巾（水拭き用、から拭き用）
- □ ハンディモップ
- □ 掃除機
- □ シートモップ（ドライ、ワックス）
- □ 粘着ローラー（じゅうたんの場合）

最初にすること

リビング、ベッドルームとも、窓を開け放つのが第一歩。新鮮な空気がどっと入ってくることで、ホコリと一緒にぐうたらな気持ちも飛んでいきそうです。また、本格的に床掃除を始める前に、高いところから順番にホコリを落としておきましょう。

1 窓を開け放ち、風を通して作業開始

毎日
やりたい

なにはなくとも、窓を開けられるだけ開け、換気をするのが掃除のスタート。リビングは大きな窓があるので思い切り開けよう。

2 掃除の鉄則はどこでも「上から下」

毎日
やりたい

どの部屋でも、ホコリは高いところから落としていく。柄が伸びるハンディモップはホコリが飛び散らず、とても便利。

3 結構目がいく細かいところ！

毎日
やりたい

直接触ることの多いインターフォンなども、習慣的にハンディモップでホコリを落としておくと、汚れがたまることはない。

4 天井や照明も意外とホコリだらけ

天井や扉、照明などは年に2回を目安に雑巾で水拭き→から拭き。ただしホコリがたまらないよう、ハンディモップは毎日かけよう。

5 掃除機を準備し、コードは全部出して

ここでの主役は掃除機です。最初にコードは全部引っ張り出しておくと、使いながらのばしていくよりもモタつかない。

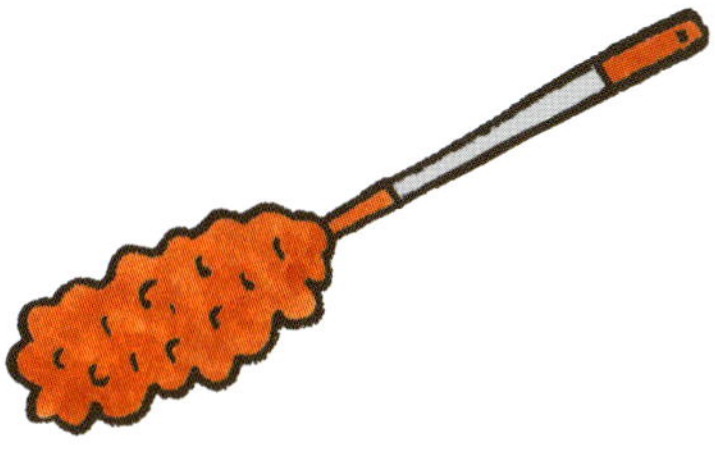

床掃除

部屋中のホコリやゴミの着地点は「床」です。外から持ち込んだホコリも、抜けた髪も、ペットの毛も、すべて床に集まります。掃除機をかけて、さらにシートモップもかけることですべて取り除きましょう。ほかの部屋や廊下などもこの手順で掃除しましょう。

週2〜3回でOK

1 フローリングの目に沿って掃除機をかける。家具はそのつど動かして、仕上げまで整えず、そのままでどんどん進めよう。

月1回でOK

2 ホコリがくっつきがちな椅子の脚の裏などは、少し持ち上げてホコリを落とし、掃除機で吸わせるとかんたんに取れる。

仕上げ

床の仕上げはシートモップでの から拭きで。ウェットタイプを使うと床に筋が残り、ホコリがまた集まってしまうことがあるので、ドライタイプで取り残したホコリを除きましょう。また、年に2回程度はワックスがけを。今はシートモップが便利です。

年2回でOK

1 掃除機で取り残したホコリを除くため、シートモップで仕上げをする。ウエットタイプよりも水分の筋が残らないドライタイプを使おう。

2 以前、ワックスがけは年に1度業者に頼むくらいおおごとだったのが今はラクちん。年2回くらいはシートモップでワックスをかけてツヤを出そう。

3 床掃除だけの日は、ここで家具を戻そう。ほかのエリアの小物と同様に、直角・平行が基本。整然と並べるだけで、部屋がスッキリとした印象になる。ルームフレグランスなどで香りをよくしてもいい。

忘れものですよー
やっと終わったー

リビング

❷家具・インテリア

リビングには家具がたくさんあります。もちろん、これらも部屋の一部と考え、定期的に掃除をしましょう。素材によって掃除の仕方は違うので、持っている家具によって方法を変えて。また、夏と冬、使いはじめる前にはエアコンのフィルターを掃除したり、カーテンを洗濯したりと、定期的なお手入れをするのを恒例にしてみましょう。

コレがあればラクラク 道具と洗剤

- □ 掃除機(布製の場合)
- □ 粘着ローラー(布製の場合)
- □ 革用クリーム(革製の場合)
- □ 雑巾(水拭き用、から拭き用)
- □ ハンディモップ

最初にすること

ホコリを落とすとき「高いところから」なのはもう覚えましたね。エアコンや照明はいちばん高いところにあるので、リビング全体やほかの家具を掃除するより前にホコリを落としてしまうのがポイントです。カーテンを洗う場合は、早々に外して洗濯機へ。掃除が終わった頃には干せますから、そのまま元の窓につけてしまえば手間いらず。

❶高いところは床掃除の前に

週2~3回でOK

床掃除の前にエアコンや照明器具など高いところにある家具類からホコリを落とす。柄が伸びて曲がるハンディモップが便利。

❷床掃除のついでに布製の家具も吸う!

週2~3回でOK

布製のソファや椅子は、まず掃除機でホコリを取る。特に背もたれと座面の隙間にはゴミが入り込みやすいので念入りに。

❸カーテンを洗う日は早々に外して洗濯

カーテンは外して洗濯。表示通りに洗濯機にかけ、カーテンレールに吊るして干せばシワにならない。レースカーテンなら年に2~3回洗うとてもスッキリ!

ちょっとひと手間

年に2回ほど窓拭きにも挑戦。少量の食器用中性洗剤を入れた水で濡らした雑巾(ゆるく絞る)で拭き、その後、吸水クロスで拭き上げます。

500
500円玉、みーっけ。ラッキー♪
あっ!
背もたれと座面の間もしっかりチェックして…

拭き掃除

布製ソファや椅子には粘着ローラー、木製なら雑巾で水拭き→から拭きと、家具によって掃除する方法、使う道具も違います。でも、自宅の家具はそうそう変わりませんから、パターン化して効率よく掃除をしましょう。エアコンフィルターの洗浄やリネン類の衣替えといった〝季節モノ〟の作業も日を定めてやってしまいましょう！

1 布製のソファや椅子は、粘着ローラーで細かいホコリや髪の毛などを取り除いて。革製の場合は専用クリーナーでたまに拭けばOKです。

2 椅子の脚の裏をから拭き用雑巾で拭く。水拭き用雑巾だと余計にホコリがつきやすくなるので、から拭き用がオススメ。

3 テーブル、木製の椅子、チェストなど、拭き掃除が必要なものは、水拭き→から拭きで拭き上げる。かたく絞った雑巾を使って。

4 夏・冬のエアコンをよく使うシーズンの直前には、取り扱い説明書に従ってエアコンフィルターを洗って乾かすようにしよう。

5 クッションカバー、ソファカバーなど外せるリネン類を洗濯。季節に合わせた素材に衣替えしても。

リビング掃除ポイントまとめ

出しっぱなしになっているものはありませんか?
すべてが片づくべき場所に片づき、家具を直角・平行に収めると、
こんなにもキレイに見えるんです。

カーテン

きちんと寄せてタッセルで留める。レースカーテンは真っ白に漂白すると、面積が広い分清潔なイメージに。

エアコン

エアコン本体は雑巾で水拭き→から拭きを。天井に近い上面は見えない場所だがホコリを落とす。

椅子・ソファ

向き、間隔をきちんと揃えることで片づいた印象になる。クッションなどがある場合は、立てて美しく並べて。

テーブル

来客がしっかりと見る場所。輪染みや水滴などがないか最終チェック。物の出しっぱなしはあり得ない。

床

ホコリ、髪の毛などが残っていないかしっかりチェック。意外と掃除道具が出しっぱなしになんてことも！

ベッドルーム

基本的な掃除はリビングと同様です。大きく違うのはベッドメイキングがあること。リネン交換は面倒に思うかもしれませんが、ポイントを押さえれば、まるでホテルのような仕上がりも夢ではありません！　驚くほど寝心地よく、見た目も整った印象になります。「またやろう！」とモチベーションの上がるテクニックを覚えましょう。

コレがあればラクラク
道具と洗剤

- □ 雑巾（水拭き用、から拭き用）
- □ ハンディモップ
- □ 掃除機
- □ シートモップ（ドライ、ワックス）
- □ ふきん

最初にすること

リビングと同様に窓を開け放ち、風を入れ、部屋の空気を入れ替えます。リネン交換はホコリが立つので必ず窓を開けて行いましょう。そして、床、家具などの掃除はリビングと同じ作業です。リビングを掃除するときに一気に行うと、効率よく進められるでしょう。

1 なにはなくとも窓全開で!

リネン交換中はホコリが出るもの。開けられる窓はすべて開け、空気を入れ替えてからリネン交換をスタートさせよう。

2 洗濯前の掛け布団カバーを床に

リネン交換は、まず、掛け布団のカバーを外して床に置き、その上にすべての布団と枕をのせて邪魔にならない場所に置いて行う。

リネン交換

週1回でOK

ぐうたらさんが面倒くさいと思っているリネン交換。確かに慣れないと大きな布がいうことを聞かず、たいへんかもしれませんね。しかし、コツをつかんでしまえば時間もかかりませんし、なにより、洗濯したてのシーツで眠るのはとても気持ちのいいもの！　まずは作業を体で覚えましょう。

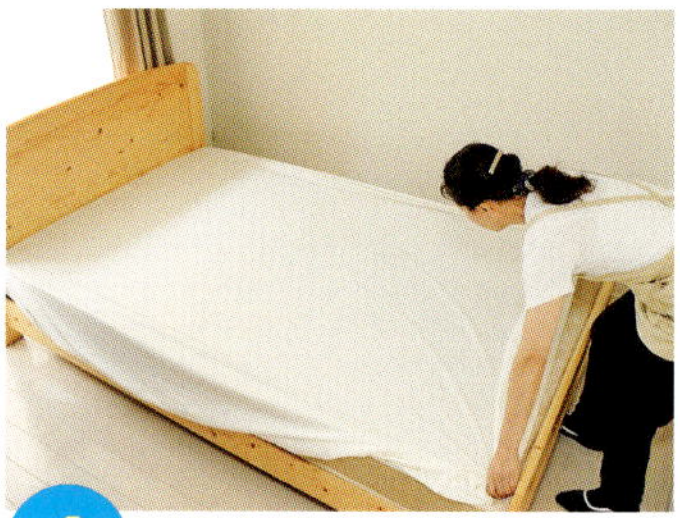

1 シーツを外し、新しいシーツを頭の側からかける。角を持ってピンと引っ張りながら、足側もかけ、端をきちんと折り込む。

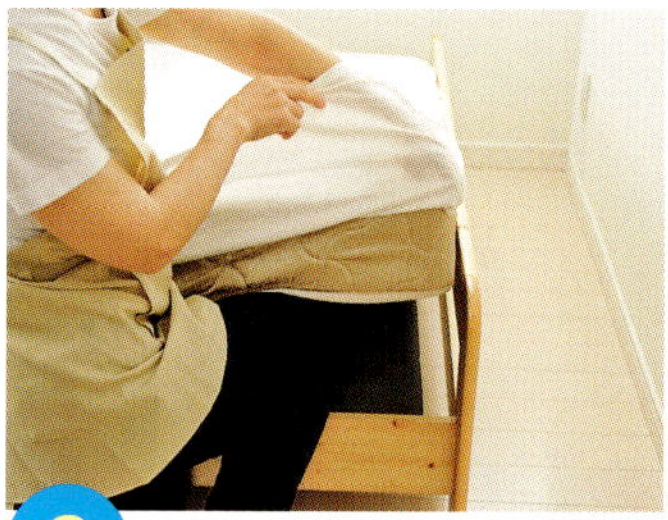

2 外側から角を持ち、さらにマットレスの角を持つ。逆の手でシーツをかぶせると、角と角がきっちり合ってキレイな仕上がりに。

3 ボックスシーツは標準的な規格で作られているため、角と角を合わせればこのようにピシッとシーツをかけることができる。最後は手でなでて〝手アイロン〟を。

4 次に枕カバーを替える。枕カバーもまた、ジャストサイズを手に入れることがかんたんなカバーチェンジの鉄則。まずは手刀を入れるように枕の中央を細く折って……。

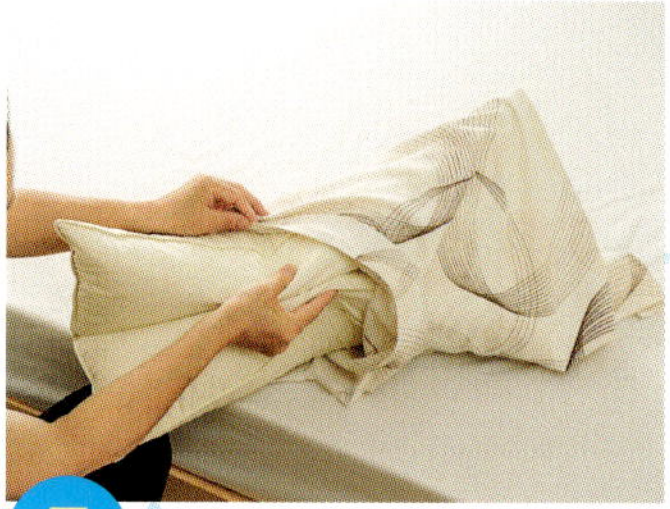

5 枕を縦に細く折ったまま、枕カバーの口に差し込む。そのまま手を奥まで入れれば、ジャストサイズでもかんたんに枕カバーをかけられる。

6 ジャストサイズだからこそ、入れるだけでピシッと仕上がった枕。ファスナーがついていなければ、ぴったりサイズに折り、縁はカバーの中にしまい込もう。

7 掛け布団を広げて置き、裏返したカバーをのせる。ファスナーは自分側に、タグは足側に。ファスナー部分以外の内紐を結ぶ。

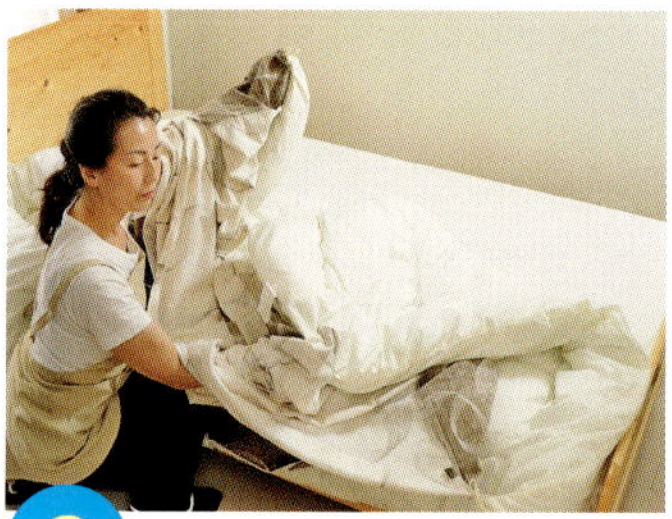

8 カバーの内側から、自分と反対側の両角を持ち、カバー全体を返すようにしてかぶせる。最後にファスナー部分の内紐を結ぶ。

9 ここまで掛け布団は複雑な状態になっていたかもしれないが、ベッドの上に広げてみると四隅が紐で留まり、きっちりと布団カバーがかかっているはず！

10 布団を広げるだけで完成ではない。表面をシワなく、さらにふんわりと仕上げるために、表面の布だけをつまんで持ち上げ、空気を入れて仕上げる。

仕上げ

寝室をホテルみたいに仕上げるコツはココにあります。ホテル基準では「掃除をした」という合図のために枕を立てて置くので、それをぜひまねして。また、掛け布団カバーをピーンとさせるには、カバーのいちばん上の1枚だけをつまんで引っ張るのがコツです。

枕は立てて置き、掛け布団カバーは、足側からカバーをそっとつまんで静かに引っ張り、全体がピンと見えるように仕上げる。

ちょっとひと手間

リネンを洗濯するときには洗濯のりを使い、干すときにピシッと伸ばしておくと、ホテルのようなピンとした仕上がりに近づきます。好きなフレグランスを入れてもいいですね。来客用や、特にピシッとしたいときには、クリーニングに出すのもオススメです。ベッドルームは1日の疲れを取り除き、明日への元気を養う大切な場所です。完成度を高めて、いい部屋作りを!

ベッドルーム掃除ポイントまとめ

清潔なシーツや枕カバー、ピンと張った掛け布団……。
まるで高級ホテルみたいな仕上がりのベッドで眠るのは最高の癒やし!
上質な休息を産み出すための大切な場所です。

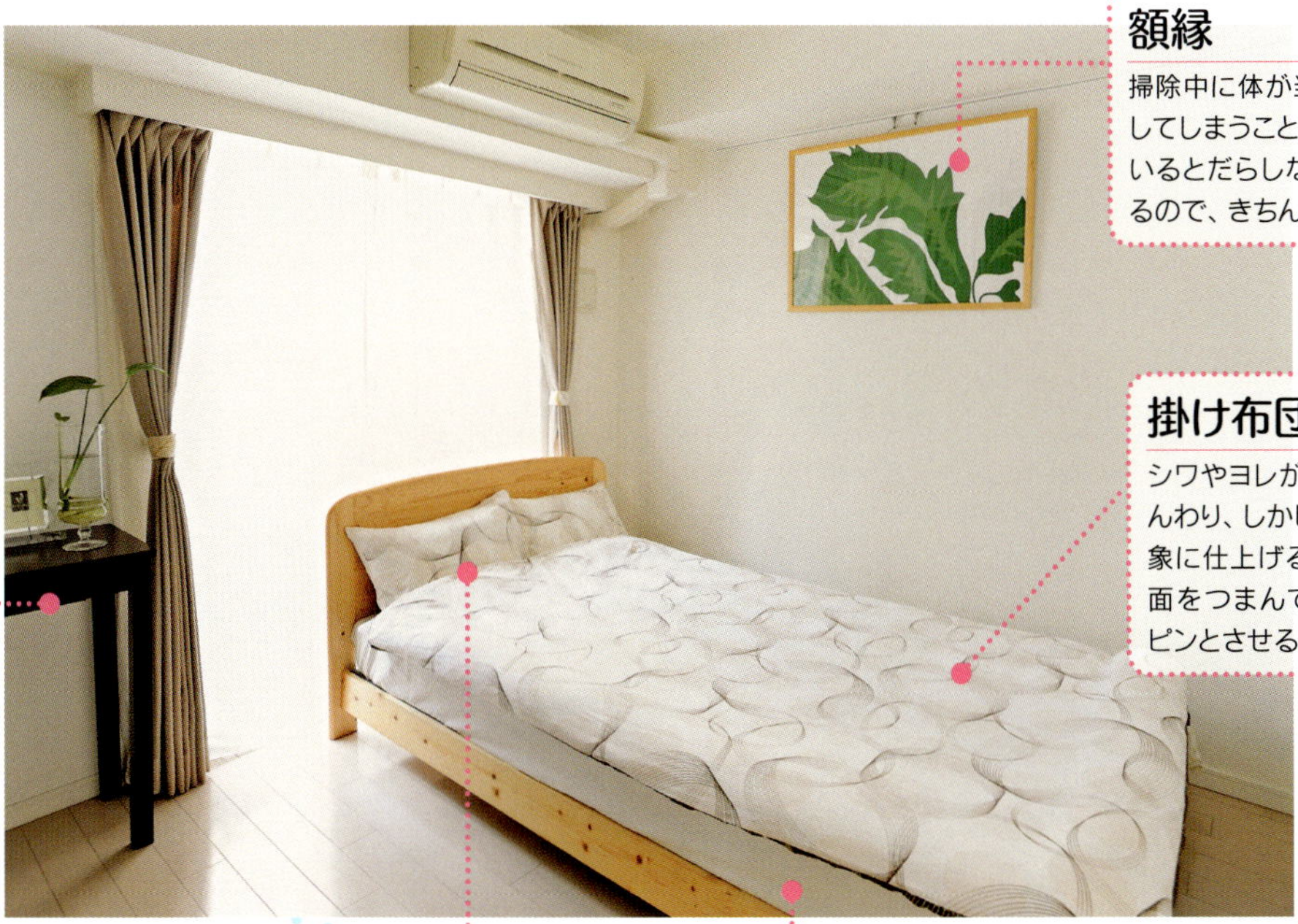

額縁

掃除中に体が当たってずらしてしまうことも。曲がっているとだらしない印象になるので、きちんとチェック。

掛け布団カバー

シワやヨレがないようにふんわり、しかしピンとした印象に仕上げる。カバーの表面をつまんで空気を入れ、ピンとさせるのがコツ。

ベッドサイド家具

キレイに拭き、花や植物、好きな絵や写真など心が落ち着くものだけを飾ろう。ごちゃごちゃさせると眠りの質にも悪影響。

枕

ホテルでは枕を立てて置くのはメイキングしたという証拠。ぜひ、自宅でも立てて置き、ホテルみたいに!

シーツ

縁がベッドからちょっとだけ飛び出している、なんてことがないように、できるだけシワのないよう、余分な部分はベッドの下へ入れて。

やっかいなボックスシーツをきっちりたたむ方法

縁にゴムが入っていて、マットレスにかけるにはとっても作業しやすいボックスシーツ。しかし、たたむのが難しく、ぐうたらさんは丸めるように収納しているのでは!? シワにならず、四角く収納しやすい形になる、ボックスシーツのたたみ方を伝授!

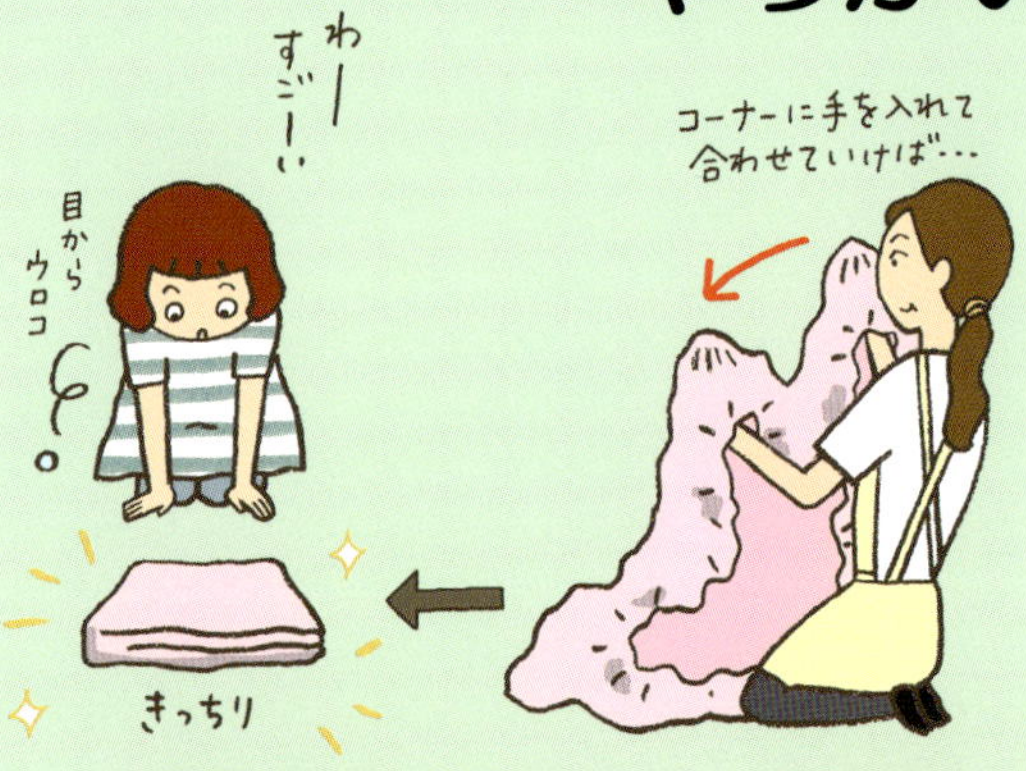
コーナーに手を入れて合わせていけば…
わー すごーい
目からウロコ
きっちり

まず、表側から片方の手を入れ、裏側が外側になるようにする。人差し指で角をとがらせるようにするとよい。

同じように、最初に手を入れた角から近いほうの角にもう一方の手を入れ、やはり人差し指を角に当てる。どちらも裏側が表になる。

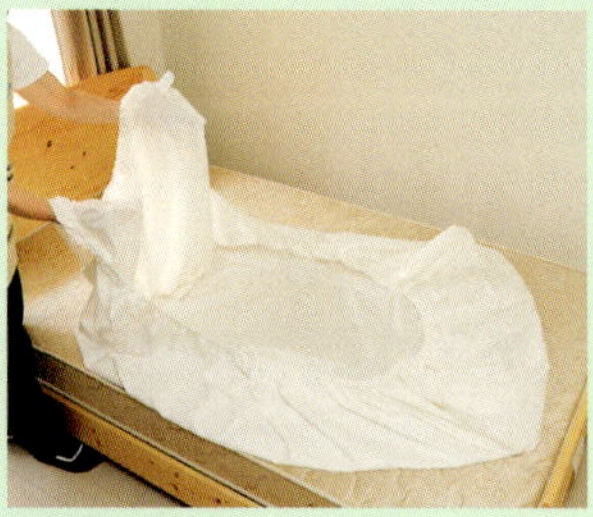

全体はこんな様子。裏返さず、ゴムが入っている側を上にして広げ、表側から手を入れて、ゴムの下から出ている感じです。

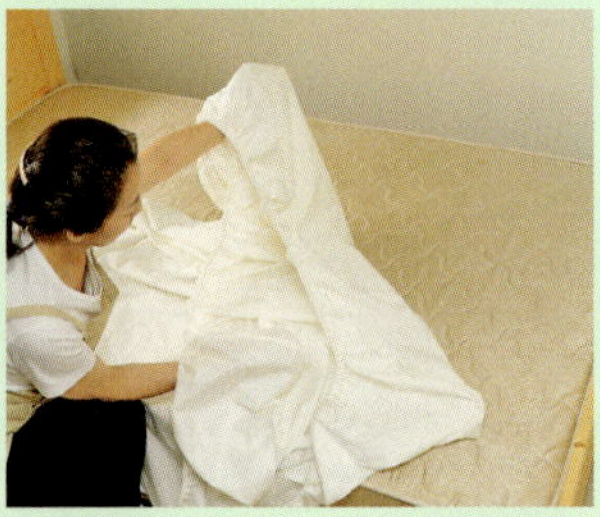

両手をゴムの中に入れて反対側の角を目指して進め、角と角を合わせましょう。やはり人差し指で角を持ち、重ねる。

持ち上げてピンと張ると、ちょうど半分の大きさになり、角と角が重なっているはず。ここで持っている角を離さないように!

片方の手に角を渡す。角は4ヵ所が重なっている状態になる。最後の角はしっかり持っておこう。

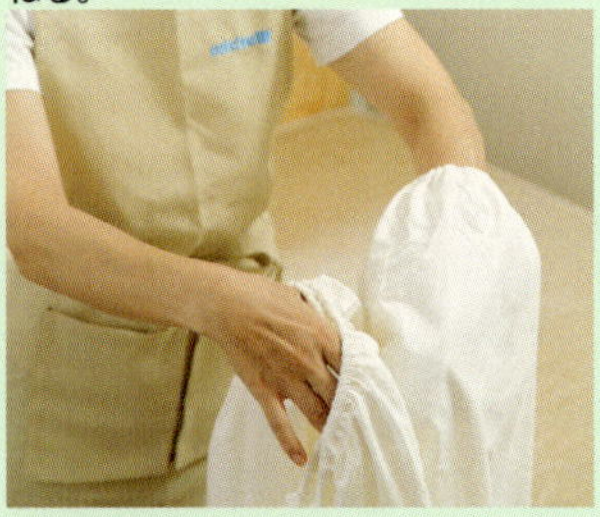

角の重なりに合わせて、すべてをまとめる。重力に沿って整えるだけなので、さほど難しいことはない。

ゴム部分が整い、ベッドの4分の1サイズに。ゴムがまとまればこんなにコンパクト!

完成!

最後は好みの大きさにたためばできあがり。フラットで収納もしやすくなった。干すときも応用するとよい。

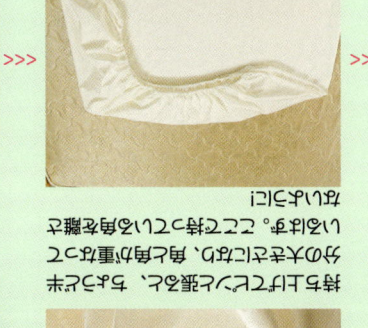

ぐうたらさんの掃除の悩み Q&A

【居室エリア編】

居室エリアにあるものは家具もファブリックも素材、形状とも多種多様！　本編の基本的な掃除が習慣になってきて、さらにもう一歩踏み込んだ掃除をしたいというぐうたらさんの質問に編集部が答えます。

Q　市販の消臭剤が嫌い。室内のいやな臭いを解消するかんたんな方法を教えて！

A　消臭効果のある天然素材を置くのがいいでしょう。備長炭をカゴにのせて置いたり、瓶などの容器に重曹を入れ、そこに好みのアロマオイルを少量ふりかけると自然の消臭グッズになります。また、掃除をするときにも、水拭き用の水に少量のアロマオイルを垂らせば掃除中から良い気分になれ、終わってからもかすかに残る香りを楽しめます。

Q　ソファでクッションを抱えてくつろぐのが大好き。清潔に保つには？

A　抱えるだけでなく、頭をのせたり、お尻に敷いたりと、くつろぎタイムに寄り添ってくれるのがクッション。実は汚れがたまっているかもしれませんね。天気のいい日には日当たりのいい場所に移動し、重曹をふりかけておきましょう。数時間から半日置いたら重曹を掃除機で吸い取ると、においや汚れなどが一気に解消。干している間にソファの掃除機がけも！

Q　ブラインドにホコリがたまっていますがどうしたらいいのかわかりません！

A　ブラインドは、たくさんのスラット（羽根）からできていて掃除しにくいものです。まずは、はたきやハンディモップで全体のホコリを落とします。次に、ゴム手袋の上から軍手をはめ、そのまま中性洗剤を薄めた水かお湯にひたし、5本指でスラットを挟んで横にスーッと動かしましょう。次にスラットを閉めた状態で全体に水分が残らないようもう一方の手でから拭き。

Q　部屋にある多種多様な家電。どうやってキレイにするのが正しい？

A　家電にはそれぞれ特性があるので、どれも同じ方法で拭くのはNGです。活躍するのがめがね拭き。パソコンやテレビのディスプレイ、オーディオ類などはめがね拭きで優しく拭きましょう。ホコリがつきやすいコンセントのコードは、柔軟剤を薄めて雑巾に含ませて拭くと、ホコリがつきにくくなります。本体の手あかの黒ずみなどは重曹水で拭くとキレイになります。

Q　布団はどれくらい干すのが正しいのでしょう。お手入れの正しい方法を教えてください。

A　布団は昼中干す必要はありません。裏表を1時間ずつ干せば充分です。同じように、布団乾燥機を使ってもいいですね。また、布団を干しているときにパンパンと叩くのは、ホコリが飛び散っているだけであまり効果がありません。最近流行の専用掃除機もありますが、普通の掃除機にノズルをつけるか、ストッキングをかぶせ、布団を吸わないようにして使っても。

Q　ベランダもたまには掃除したい！水道なしでもキレイにできますか？

A　特にマンションのベランダには水道がない場合がほとんど。水をあまり使わずに掃除をするには、バケツに一杯の水を用意し、ブラシにつけてゴシゴシ。または、新聞紙を濡らしてちぎり、ベランダにまいてほうきとちりとりで始末します。排水口にはお湯を流してブラシでこするといいでしょう。汚れのひどい手すりや室外機は捨ててもよい雑巾で拭いてポイ。

Chapter 3

これだけ揃えれば充分

道具と洗剤の適材適所

ぐうたらさんは楽してキレイにできそうな最新掃除グッズが大好き。「ぐんぐん落ちる」などのうたい文句につられてついつい不要な新製品を買ってしまっていませんか？

けれどプロが使っている道具は、実はどの家にでもある当たり前の物ばかり。そうなのです。「何を使うか」より、「どう使いこなすか」のほうがずっと大事なポイントなのです。

1

掃除が苦手な人のお助け基本道具編

やたら高機能なハイブリッド掃除用具や、使いこなすのに慣れが必要なエコロジー商品はぐうたらさんにはちょっと荷が重いもの。どこのスーパーや量販店でも売っていて、とにかくこれだけあれば家中のお掃除がこと足りる、最低限持っていてほしい基本の道具を解説します。「当たり前！」と読み飛ばさないで本当に使いこなせているか確認しましょう！

基本の七つ道具

その1 雑巾〔水拭き用、から拭き用〕

適用範囲
トイレ、洗面所、お風呂場、玄関、リビングやキッチンの床など

常に2枚セットでエリアごとに用意をするべき道具

繊細な革や布製品、大理石など水で濡らしてはいけないもの以外は、基本的に1枚の雑巾で水拭きし、すぐに別の乾いた雑巾でから拭きをしましょう。だいたいどんな場所でもとりあえずこの工程を習慣化できればほかに何もしなくても充分キレイな状態を保てます。特に水まわり、玄関周辺、床などにはそのエリア専用の2枚〔水拭き用、から拭き用〕を常備してもいいくらいの必需品。

その2 シートモップ

適用範囲
フローリングの床、トイレ、洗面所などの床、天井

現代の床拭きにはかかせないシート着脱式

すっかり定番となったシートモップ。さまざまなシートを使い分け、立ったまま使える、ぐうたらさんにも使いやすいグッズです。本書で使うのは基本的にドライタイプのみ。ウェットタイプはホコリを取りやすいように思えますが、水分が残ってから拭きをしなければあとが残ることがあるからです。ワックスシートタイプは年に2、3回ワックスがけするときに重宝。

その3 マイクロファイバークロス

仕上がり完成度が数段階アップする魔法の布

ここまで何度も触れていますが、ステンレス部分や鏡をとにかくピッカピカに光らせることで、仕上がりの完成度がアップし、部屋の格が上がり、ひいてはそこに暮らすあなたの気分までよくする、というまさにプラス連鎖の起こる魔法の布です。撮影終了後、本書のスタッフ全員が、買いにいったほど、効果の割に所有率は低いので要チェックです！

適用範囲
トイレ、洗面所、お風呂場、玄関、キッチンのステンレス部分など

ひらり
このマイクロファイバークロスで磨けばピッカピカ！
おー魔法の布！

その4 粘着ローラー

ぐうたらさんの救世主といっていいほど頼れる道具

トイレや洗面所、玄関などの足元マットからカーペット、布製ソファ、クッション、ラグなどのファブリック類、そしてホコリが目立ってしまう黒っぽい衣類にまで、コロコロすればその場で手も汚さずさっとキレイにできる粘着ローラーはぐうたらさんの頼もしい味方。掃除機をかけすぎると傷んでしまうカーペットにも優しいのです。

適用範囲
布製品全般
※注意！　ペルシャ絨毯《じゅうたん》やシルクの緞通《だんつう》は繊細な織物なので粘着ローラーは使えません

基本の七つ道具

その5 ハンディモップ〔折りたたみ式〕

クイックルワイパー
ハンディ
伸び縮み
瞬間キャッチ

伸長時

折りたたみ時

ハンディモップは高所に便利な折りたたみ式を推奨

リビングやベッドルームなど布製品の多い部屋は、たった一日でも机や棚などの上に結構な量のホコリがたまってしまいます。また、テレビやパソコン、エアコンなど電磁波の強い電化製品もホコリを吸い寄せるのでキレイに見えても要注意。「ハンディモップでホコリを下に落として掃除機で吸う」という基本の掃除を習慣にできると居室部分がかなり快適空間に。

適用範囲

ハンディモップはシミズさんが掃除中いつも腰に差しているほどどこでも万能に使えます

ホコリは恐るるに足らず…
フッ
シミズさんーかっこいい
ちょっとサムライ風？
脇差しじゃなくて背中にだけど

その6 ソフト・ハード両用ブラシ

小物洗いからハードな汚れ箇所まで幅広く使える便利品

ソフトブラシ側はプラスチック製品の底面のぬめりや汚れ落とし、蛇口の水あか汚れにちょうどよく、ハードブラシ側は油汚れ、排水口まわりのしつこい汚れ、トイレでも便器の裏側のしつこい汚れ落としに効果を発揮。水まわり全般に使い勝手がよいので、トイレ用に1本、洗面所・お風呂場用に1本、キッチン用に1本あってもいいくらい。

適用範囲
トイレ、洗面所、お風呂場、キッチンなど主に水まわり

その7 吸水クロス

さっと拭けば汚れも水分も放さず吸い込んでくれる

新しいうちはツルツルだったキッチンのシンクや洗面所の洗面ボウルの中に水あか汚れが残るようになってしまうのは残念。なるべくそれを防ぐには、使うたびに最後に吸水クロスでシンクやボウルの中を拭いておくのが効果的。また、お風呂場などカビが生えやすいエリアでも使い終わりに吸水クロスでふたや壁、床などを拭いておく習慣をつけるといつでも快適なバスタイムに。

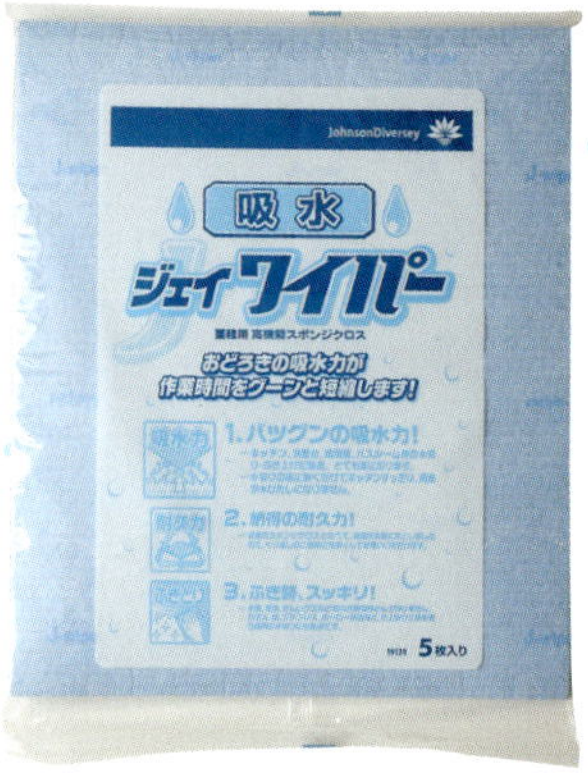

適用範囲
洗面所、お風呂場、キッチン

基本の洗剤3種

■食器用中性洗剤

食器だけじゃない大活躍洗剤

もちろん通常の食器洗いに毎日活躍する必需品ですが、薄めた液で絞った雑巾で指紋汚れや軽い泥やホコリ、油汚れを拭くとスッキリ。特に調理家電を拭くのに重宝です。

■泡状漂白剤

臭いとぬめり、殺菌には泡→放置

洗面所の排水口まわり、キッチンの三角コーナーなど臭いとぬめりがたまりやすいところには泡状漂白剤で対応。食器やふきん、調理器具も定期的に漂白して除菌をしましょう。

■油汚れ用洗剤

強力な洗浄力を持つ頑固汚れへの強い味方

時間が経ってホコリと一体化したような油汚れには、食器用中性洗剤や泡状漂白剤では力不足。専用の油汚れ用洗剤で1ヵ月に1回はスペシャルケアをしましょう。

2 エリア別・掃除道具これだけあればOK！編

トイレ

衛生面から「基本の七つ道具」の雑巾とは別に、トイレには必ず専用の雑巾（水拭き用、から拭き用）を用意しましょう。ほかの基本道具は使い捨てできるので共用でも大丈夫です。

プラス 基本の道具と洗剤

その1
雑巾
［水拭き用、から拭き用］

その2
シートモップ

その3
マイクロファイバークロス

その4
粘着ローラー

その5
ハンディモップ
［折りたたみ式］

エリア専用の道具と洗剤

トイレ
トイレ

■トイレ用雑巾［水拭き用、から拭き用］

雑巾はトイレ用とその他は分けて使いましょう。わからなくならないよう、トイレ用雑巾にはマジックで書いておくといいかもしれません。洗ったら風通しのよい場所で乾燥してトイレ掃除道具と一緒に収納して。

■トイレ用ブラシ（大・小）

便器の内側を磨くための専用ブラシはトイレに常備。大小2種類のブラシがあると、細かいところまで磨くことができ、オススメです。写真は2in1トイレブラシ（マーナ）

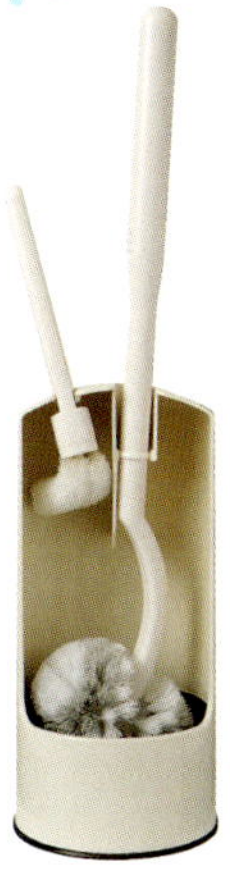

使い古しの歯ブラシも代わりに使えますよ
おお、こりゃ便利！
裏の溝までしっかり洗える

■トイレ用掃除シート

洗浄剤を破れにくい厚手のシートに浸透させ、手を汚さずに便器、床、壁などを幅広くお掃除できるシート。流して処理できるのも便利。写真はトイレクイックル（花王）

■トイレ用洗剤

トイレの便器、床などの洗浄に使います。基本的には中性洗剤で、消臭効果があったりいい香りがつけられています。写真はトイレマジックリン（花王）

洗面所・お風呂場

カビはピンクのうちならカビ用洗剤とブラシで退治できますが、黒くなってしまったら、もうぐうたらさんの手には負えません。専門家のお世話になるか買い換えるしかないので早め早めに対処を。

プラス 基本の道具と洗剤

その1 雑巾［水拭き用、から拭き用］

その2 シートモップ

その3 マイクロファイバークロス

その4 粘着ローラー

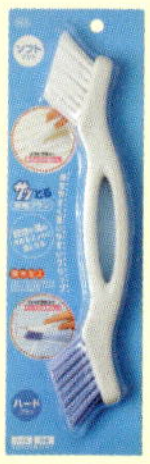

その6 ソフト・ハード両用ブラシ

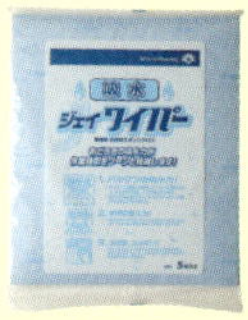

その7 吸水クロス

エリア専用の道具と洗剤

■風呂用床ブラシ

力を入れやすく、ブラシ面の広い、お風呂の床に特化したブラシです。細かいところを洗う小さめのブラシとつけ替えができるものもあり、便利です。写真はスコッチ・ブライト™ バスシャイン ハンディブラシ（3M）

■風呂用スポンジ

お風呂場のバスタブや壁などを洗うのに使います。お風呂場と洗面所で共用でもOKでしょう。洗剤液を直接壁などにかけてこすり広げるとムラになることがあるので、スポンジにつけて泡立ててから使うのが鉄則です。

■風呂用洗剤

中性またはアルカリ性で、泡や粘度の高い液体が汚れた箇所にくっつくのが特徴です。水あかや皮脂汚れに効果を発揮。写真はバスマジックリン 泡立ちスプレー（花王）

玄関

油汚れなどはないのでそれほど汚れなければ、実はホコリを拾って、雑巾で水拭き→から拭きすればＯＫの簡単エリアなのです。小まめに拭きそうじし、玄関マットなどを整えるための小道具を用意しておきましょう。

プラス

基本の道具

その１
雑巾
［水拭き用、から拭き用］

その２
シートモップ

その３
マイクロファイバークロス

その４
粘着ローラー

エリア専用の道具

■掃除機（ハンディクリーナー）

細かいチリやホコリが外から持ち込まれる玄関は、掃除機をかけたほうが断然キレイになりますが、掃除機の先が三和土《たたき》の外からの泥や汚れに直接触れるのに抵抗がある人はトイレットペーパーの芯で使い捨て吸い込み口を作る（P34参照）か、玄関専用のハンディクリーナーを玄関収納棚の中に置いてしまいましょう。

■使い捨てドライシート

玄関の三和土や床の拭き掃除のために、毎回雑巾を絞って、水拭き→から拭きをするのは、ぐうたらさんでなくてもちょっとハードルが高いですね。そんなときちょうど良いのは、シートモップでフローリングの床掃除をしたあとのまだ少し拭けそうな残りのドライシート。はずして捨てる前に玄関まわりの汚れを拭くのに使いましょう。

■重曹

吸湿効果と消臭効果がある重曹は、粉末のままビンに入れて靴箱の中に置いたり、飲み物などの液体をこぼした汚れの上に、さっとふりかけ、乾いたところを掃除機で吸えばシミにもならず、臭い残りもなくキレイになります。ペットや子供にも危険が少なく安心なので玄関に一袋置いておくと便利。ただし、大理石や白木には使用不可！

キッチン

油汚れがどこよりも多いエリア。時間が経つほど落とすのがたいへんになるので、面倒でも使うたびにキッチンペーパーで拭き取る癖をつけられればかなり改善。ステンレスが多くマイクロファイバークロスを使いがいがあるエリアなのでキッチン専用を常備してもよいかも。

プラス 基本の道具と洗剤

その1
雑巾
［水拭き用、から拭き用］

その3
マイクロファイバークロス

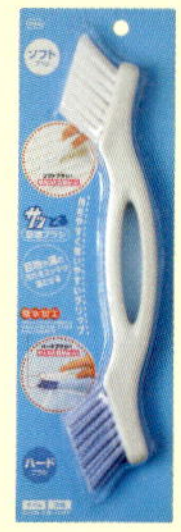

その5
ソフト・ハード両用ブラシ

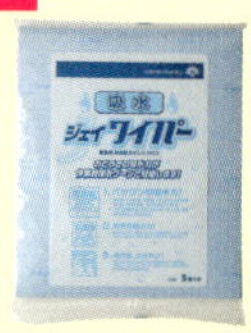

その7
吸水クロス

泡状漂白剤

油汚れ用洗剤

食器用中性洗剤

エリア専用の道具と洗剤

キッチン用スポンジ

グリルなどの油汚れ用のスポンジと、食器用のスポンジの2種類は置いておきたい。どんな洗剤も汚れに直接かけるより、スポンジで泡立ててからのほうが実力を発揮する。

クリームクレンザー

研磨剤と界面活性剤の働きで、焦げつきや油汚れを落とします。クリーム状だとステンレスなどに傷をつけません。写真はジフクリームクレンザー（ユニリーバ・ジャパン）

ふきん

食器を拭くふきんとテーブルを拭くふきんを用意。ぐうたらさんでも最低1週間に1回程度は泡状漂白剤で除菌消毒すること。

重曹

重曹は水で溶いてクリーム状にすると、クレンザーと同じように研磨剤として使えます。焦げ付いた鍋などにも、このクリームをつけてしばらく置き、洗い流せば落ちるので便利です。

クエン酸・レモン汁

水で薄めてスプレーにしておくと便利なクエン酸。水垢などをキレイに落としてくれるので、シンク周りに便利です。買い置きがないときはレモン汁で代用しても。除菌効果もあります。

アルコール

除菌効果があるので、キッチンにあると便利！まな板や調理台を掃除したら仕上げに吹きかけましょう。冷蔵庫の中の掃除にも便利です。ただし、揮発性が高いのでコンロまわりに置くのは厳禁。

リビング・ベッドルーム

ぐうたらさんに本格的なワックスがけは少々荷が重いのでここでは日常のお手入れにしぼって必要な道具を紹介します。食器用中性洗剤は薄めた液を含ませた雑巾で拭くと手あか汚れがキレイに取れるので薄めて霧吹きに入れておくと便利。

プラス 基本の道具と洗剤

その1
雑巾
［水拭き用、から拭き用］

その2
シートモップ

食器用中性洗剤

その4
粘着ローラー

その5
ハンディモップ
［折りたたみ式］

エリア専用の道具

■革用クリーム

革製のソファの汚れをしっかり落としたいときに使います。お手入れに必要なクリームなどとセットになったものが便利。写真はレザーケアキットLM100（ユニタスファーイースト）

■掃除機

毎回収納場所から引っ張り出すのが億劫で掃除機がけを怠ってしまうぐうたらさんには、出しっぱなしでもスタイリッシュで立てかけておけるスタンド式充電タイプの掃除機がオススメ。リビングとベッドルームの床掃除用だけと割り切るなら充分。

■床用ほうき

掃除機を出動させるほどでもない散らばったたばこの灰や、食べこぼした粉くず類、ホコリや小さなゴミをさっとはき取って捨てられる、小ぼうきと小ちりとりを居室部分に用意しておくと使い勝手がよいでしょう。ごく小さなものでOK。

Chapter 4

このポイントさえ知っていれば大丈夫

人が来るとき

他人に部屋を見せられないぐうたらさんにとって
「今度家に遊びにいってもいい？」は
聞こえなかったふりをしたい恐怖の言葉。
でもプロは来客が「キレイ！」と感じる
掃除のポイントをちゃんと知っています。
これなら大掃除をしなくても人を呼べる部屋に！

1

10分後に人が来る

最寄り駅から電話がかかってきたり、近所の友達が「ちょっと立ち寄ってもいい？」と言ってきた場合や、一緒に飲んでいた人たちが家に立ち寄ることになったときなど、「じゃあ先に帰って片づけるからコンビニに寄って◎◎買ってきて」などと言っても稼げる時間は10分程度。その間になんとか人に入ってもらえる部屋にする究極の「ポイント掃除術」を紹介します。

10分
3分

1 玄関

来客が立ち話だけのつもりや、何か物の受け渡しで立ち寄るだけなら、玄関さえスッキリさせておけばなんとかなるもの。「近くまで来たからこれからちょっと寄るね！」という電話を受けたら、慌てず騒がず、まずはとにかく玄関へ！　落ち着いて掃除スタート！

1 出しっぱなしになっている靴をしまう

ここで2分

自分では**見慣れてしまって気がつかない**ことが多いのですが、玄関に何足も靴が出ている状態は外からドアを開けて中を見た途端に**「うわ！ごちゃごちゃした家」という第一印象**を与えてしまい、大きなマイナスに。靴は靴箱に入るようならすべてしまい、時間がなければ人が来るときの**一時的な対策**として、全部袋に詰めてベランダに出すだけでもよいので、とにかく一度**玄関の三和土《たたき》には靴が一足もない**という状態にしましょう。出ているのが1～2足程度ならきちんと揃えて端に寄せておくだけでもOK。

2 目に見えるゴミを集めて捨てる

ここで1分

外から靴底についてきた土やチリくず、自分の体から落ちる髪の毛や繊維ホコリなど、実は**目に見える小さなゴミ**が結構落ちている玄関の三和土。自分では改めて下を見ることもなく毎日通りすぎてしまいがちですが、来客は**玄関にとどまる時間が結構長く**、自分の靴を揃えて入る際にも、帰りに靴を履く際にも三和土の汚れには気づいてしまいます。掃除機をかけて雑巾で水拭きやから拭きをする時間はないとしても、見えるゴミをティッシュで**さっと集めて捨てる**だけでも印象は全然違います。

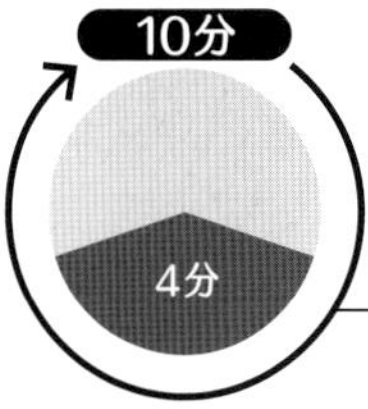
10分
4分

2 トイレ

「ちょっと寄ってもいい?」とか「10 分後に行くね」というような状況での来客は実はトイレを借りたいからということもあり得ます。そうじゃないとしても「汚れてるから入らないで」とは言えない場所だから来客が入る前には必ず一度確認して。

❶ 便座を上げて裏側と便器を拭く

ここで2分

女性の一人暮らしではあまり**便座**を上げることがないため、**便座裏側の汚れ**には気づいていないことが多いもの。男性の来客がトイレを使ったあと、**なぜか微妙な空気**になるという事態は、全力で阻止しましょう。そのためには**面倒がらず**便座を上げ、便座の裏と便器の内外だけは一度よく目で見て、**必ず汚れの確認を**。そしてトイレ用掃除シートで、便器のフチをさっと拭いておけばかなり安心。便器を拭く前にまず、**トイレ用洗剤を便器の中に吹きつけておくのも有効。最後にシートと一緒に流せば**臭い対策にも。

❷ 足元マットと床をチェック

ここで1分

トイレットペーパーか、便器を拭くときにトイレ用掃除シートを**半分**に切って残しておき、この残り半分でトイレの床と足元のマットの上に落ちている**目に見える髪の毛やホコリ、汚れやゴミ**などもさっと拭き取ってまとめて捨てます。

❸ タオルを取り替える

ここで1分

タオルが**湿って**いたり、**臭い**がしたりしたら、どんなに掃除をしても清潔な印象からはほど遠くなってしまいます。**タオルのかけ替え**ぐらいならぐうたらさんにもすぐできること。仮に掃除が**何もできていなくても**、人が来る前にタオルだけでも新しくかけ直しておきましょう。

ちょっと
トイレ借りても
いいかな?
えっ!?
しまった!
掃除してない!
どうしよー

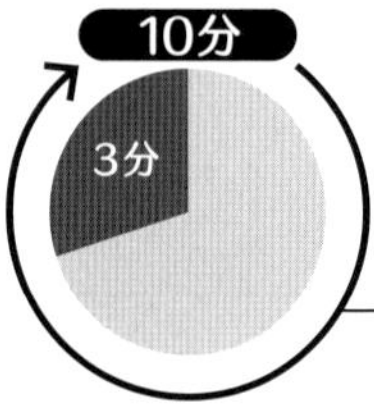

3 居室エリア

訪ねてきた人がいちばん長く時間を過ごすであろうリビング。長時間見られることでプレッシャーもありますが、ここは慌てずに体を動かして！　できることは限られていますから、来客が座る席に座って冷静に見渡して、ラストスパート、がんばりましょう！

❶ 来客目線になって片づける

ここで2分

自分がいつも座っている席からは**見えないところ**に、とんでもないホコリのかたまりや**汚れ**、ゴミがあったり、**段ボールや下着など見苦しいもの**が見えている場合もあります。人にすすめるつもりの場所に一度座ってみて、来客が席に着いたらどこに目がいくかをチェックしてみましょう。気になるところがあれば、**あれもこれもやろうと欲張らず**、最低限「一生の恥」になるような汚れがなければOKと腹をくくって自分が見られたくない部分順に、**制限時間内で**できるだけ掃除すればよいのです。

❷ 床のホコリを退治する

ここで1分

フローリングやクロス張りの床は、ティッシュかドライタイプのシートモップで**髪の毛やホコリ**など目につくゴミだけ拭き取ればとりあえずOK。**カーペット**の場合は目につく部分だけ**粘着ローラー**をさっとかけましょう。ここで呼び鈴が鳴っても、もう大丈夫です。

2

1時間後に人が来る

ここでは60分でザッと家中をキレイに見せる効率のよい「ポイント掃除術」を伝授します。
この掃除術は、来客から「今から出発するよ」と連絡があり、あと1時間くらいで到着するという場合。
また、まだ時間はあるけれど料理や買い物やそのほか来客をもてなす準備が必要で「掃除にとれる時間は1時間しかない」という場合にも役立ちます。

60分
10分

1 玄関

来客を意識してする掃除のいちばんの鉄則は、訪問者の目線で順番に動きながらチェックしてみること。そういう意味で「最初」と「最後」に目にする玄関は、来客にあなたの家の印象をいちばん強く残すエリア。気合を入れ、時間をかけて掃除する価値があります。

1 出しっぱなしになっている靴をしまう ここで2分

2 目に見えるゴミをさっと集めて捨てる ここで1分

まず「10分掃除」の
①、②(P66)を済ませましょう。

3 とにかく先にスリッパを出しておく ここで1分

人が来てから慌ててあちらこちら**開けたり閉めたり**すると、隠しておいた**見せたくない部分**を見られてしまうかもしれません。さっき靴箱に押し込んだ靴がバラバラ落ちてくるなどという悲劇を起こさないよう、靴を靴箱に片づけたら忘れないうちにまず**来客用スリッパ**を**人数分**出しておきましょう。**並べるのは最後**で構いません。来客がドアを開けたときにスリッパが玄関にきちんと揃えて並べてあるだけで、**大切に迎え入れている**イメージを与えることができて、ぐうたらさんでも苦もなくできる**確実なポイント稼ぎ**になります。

次ページへつづく

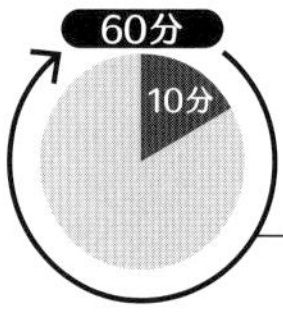
60分
10分

1 玄関

ここで
1分

4 ドアホンとドアノブを拭く

外にあって、**住んでいる人はあまり触らないドアホン**などは気づかないままで**結構汚れている**場合があります。来客が直接指で触れるところなので、雑巾がけまではできないとしても、ティッシュか掃除シートで**さっとホコリだけでも**拭き取っておきましょう。

ここで
2分

5 玄関マットをキレイにする

玄関マットは訪ねてくる人が**最初に目にするファブリック**。さりげなく**センス**や**清潔感**を測られる部分と心得て、毛足がぺったんこになっていないか、**髪の毛**や**ホコリ**が絡んでいないかチェック。一度外ではたいておくとベターですが、**粘着ローラー**をかけるだけでもOK。

ここで
3分

6 掃除機をかける

ここまでの過程を**時間内でスムーズにクリア**できたら、**掃除機がけ**までがんばってみましょう。狭いエリアなので**やればすぐキレイ**になってぐうたらさんには**「お得」**です。まずブラシを外してノズルだけで三和土《たたき》の部分の細かい土ボコリやゴミを吸い取り、ブラシをつけて上がりかまちから廊下あたりまでさっとかけます。わざわざ収納場所から運んできて掃除機をかけるのが億劫という人は、**コードレスの小型ハンディクリーナー**を玄関収納棚の中に**常備**してしまえば来客時以外でも何かと便利。

7 玄関マットとスリッパをキレイに並べて完成!

玄関マットOK!
スリッパOK!
お客さんの動きをシミュレーションしてその目線をチェック!

60分

10分

2 トイレ

便座の裏と便器を拭いて、床や足元マットをチェックし、タオルを替えれば「キレイなトイレ」の最低ラインはクリアできていますが、少しでも時間に余裕があるなら絶対やっておきたいのがステンレス部分磨き。これだけであなたの家の印象はかなりアップするはず。

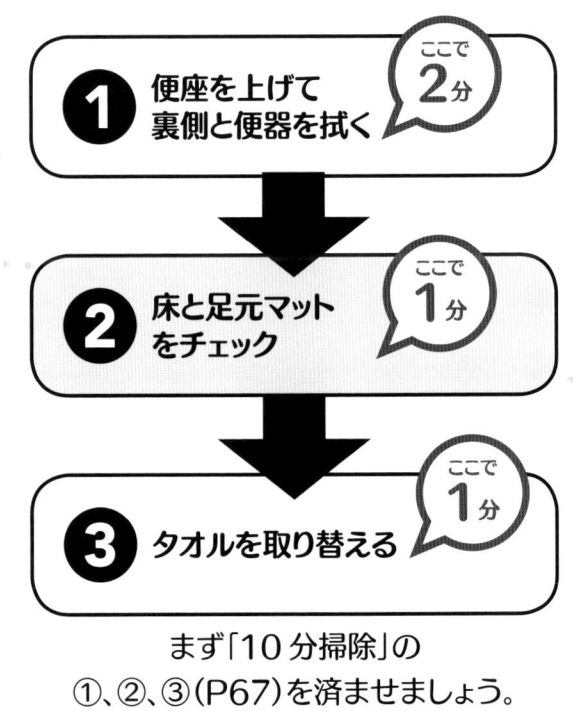

1 便座を上げて裏側と便器を拭く　ここで2分

2 床と足元マットをチェック　ここで1分

3 タオルを取り替える　ここで1分

まず「10分掃除」の①、②、③（P67）を済ませましょう。

4 ステンレス部分を光らせる　ここで6分

この本の中で繰り返し触れてきましたが、なにはなくとも水まわりやトイレの**ステンレス部分がくもりなく光っている**と、人が見たときに**とても清潔**に感じます。**マイクロファイバークロス**で、手洗いボウルの蛇口、水洗レバー、ペーパーホルダーなど、とにかくステンレスが使われている箇所は水あかやホコリが消えて光るまでていねいに磨き上げましょう。これは**効果の出る掃除箇所**なので**「手を抜こう」などと考えず**、時間をかけて**しっかり**やってみてください。自分の磨く力に合ったファイバークロスを使えば割とかんたんにピカピカになるので**病みつき**になるかも。

5 足元マットとスリッパをキレイに並べて完成！

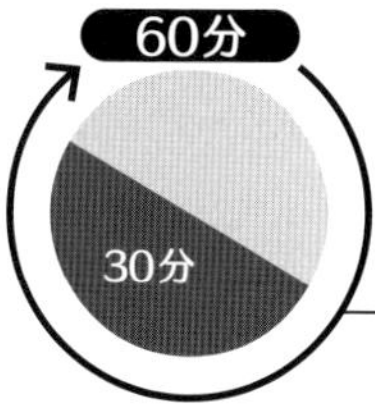

3 居室エリア

いくら「ポイント掃除」といっても「10分掃除」の3分(P68)でできることはかなり限られます。あくまでも「これを見られた!」と一生恥じるような失態を阻止するのが、「10分掃除」の場合の居室エリアの目的でした。けれど1時間あるなら、そのうちの30分を使えば居室エリアは相当キレイにできます。

❶ 来客目線で部屋を片付ける

ここで 2分

❷ 床のホコリを退治する

ここで 1分

まず「10分掃除」の
①、②(P68)を済ませましょう。

❸ 2ヵ所以上窓を開ける

ここで 2分

トイレや玄関と比べて**ホコリが多い**居室エリアの掃除をする場合は、まず**風を通す**ことが重要です。窓を1ヵ所開けただけでは空気の通り道ができないので**必ず2ヵ所以上窓やドアを開ける**こと。マンションの高層階などで風が強めの場合は**紙類が飛び散らないように**、あらかじめ片づけることと、ドアが風でバタンと閉まるとたいへん危険なので先に**ドアストッパー**をかけてから。これによって**部屋にこもった臭いが一掃**されるので長時間の開けっぱなしは無理でも、**最低3分くらい**は開けておきたいところです。この際ついでに窓枠や敷居も拭きましょう。

❹ ハンディモップでホコリ取り

ここで 5分

テレビの上、裏、テレビ台やパソコンまわり、本棚の上、CDラックや趣味の飾り物、エアコンの上など、とにかく部屋のあらゆるところにいつの間にか**たまっているホコリ**を拭き取ります。高いところにも楽に対応できる**折りたたみ式のハンディモップ**を駆使しましょう。

❺ 掃除機をかける

ここで 10分

あまり本格的な掃除をする時間はないので床の上に置いてあるものはこの際、**形ごとに集めて揃えておく**ところまでで目をつぶり、来客の席から**目線チェック**した場所に**ザッと掃除機**をかけましょう。カーペット主体の部屋なら**粘着ローラー**をさっとかけてから掃除機をかければ楽にキレイになります。床置きしているものも、直角・平行に整えるだけで印象は変わります。

次ページへつづく

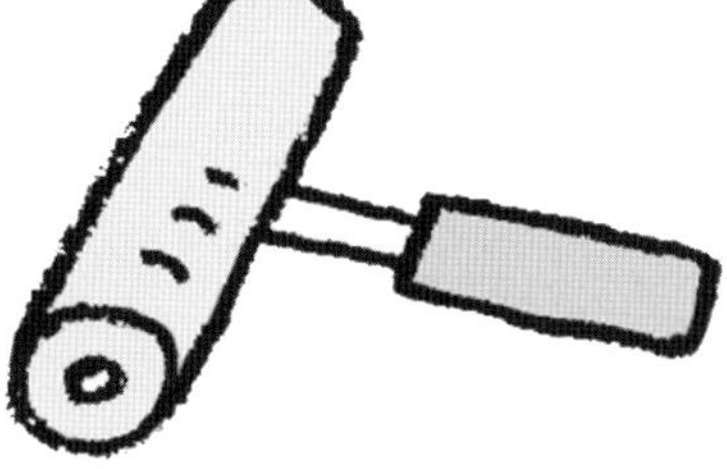

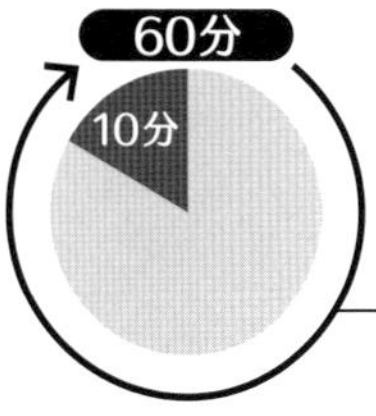

4 洗面所

トイレだけでなく、「手を洗わせて」と言われたときのリスク回避のため、洗面所もチェックしておきましょう。汚れた鏡や乱雑な化粧品はだらしない感じ、ヘアブラシや排水口にごっそり絡んだ髪の毛を見られたら、もはやハッキリ不潔な人だと認識されてしまう恐れが。

1 全力で髪の毛を処分する

ここで5分

女性の洗面所には化粧品やごちゃごちゃした瓶や小物がいっぱい。それ自体はあまりにも汚れていなければ、まだ「女性っぽい」という**許容の範囲**なのでこの場合は**放置してもOK**。けれど**絡んで集まった抜け毛ゴミ**は、他人の目から見ると、なんだか**怖いし汚い**ので人目に触れさせることは**絶対NG**です。ぐうたらさんは洗面所を使うたびに落ちた髪の毛の掃除はしていないはずなので、**必ず足元マットがあれば粘着ローラー**を、**床には掃除機**をかけましょう。**排水口もチェック**し、盲点になりやすい**ヘアブラシ**は見えないところに片づけておくこと。

2 鏡とステンレス部分を拭く

ここで5分

繰り返しになりますが、**光るところをとにかく光らせる**ことで**清潔感は何段階もアップ**します。特に洗面所の**鏡**は面積が大きいのでやるとやらないでは**大違い**。時間があれば①雑巾で水拭き→②から拭き→③マイクロファイバークロスで完ぺきですが、最低③だけでも。

3 新しいタオルに取り替えて完成!

6 テーブルを拭く

ここで2分

自分がくつろぐためにさまざまな物を置いて、**収納場所代わり**になっているテーブルも、来客時には**日常品などが何ものっていない状態**にし、**必ず台ふきんで水拭き**しましょう。卓上の物は見えない場所へ一時的に移動すればOKですが、いつでも移動できる**空き棚を決めておく**と便利。

7 椅子を拭く

ここで3分

来客の座った椅子に汚れやホコリがついていたら、あなたの家の印象は**がた落ち**。布製なら**粘着ローラー**をかけ、余裕があれば**掃除機がけ**まで。ビニール製なら**水拭き**、木製や革製の場合は**から拭きでさっとホコリと汚れを落とし**ながら、点検をしましょう。

8 使う食器をキレイに洗う

ここで5分

訪問した家で飲み物などを出されたときの**コップの汚れ**はとても気になるもの。自分では**キレイなつもり**でも、他人は水滴が乾いた跡だっていやかもしれません。たとえ面倒でも来客に気持ちよくくつろいでもらうため、**使う前には一度洗って**キレイに拭きましょう。

9 クッションやファブリック類をきちんと並べて完成!

3 人が泊まりに来る

「今度うちに泊まりに来て！」なんて誘えるようになったらぐうたらさんも一人前。両親や友達でも覚悟がいる人が多いでしょうし、「部屋が汚いから」という理由で、彼との関係が進まないという悲しいぐうたらさんもいるかもしれません。ここでは親しい人に気持ちよく過ごしてもらえるポイントを確認しましょう！

STAY!
24hour

お風呂場

泊まりに来る人と普通の来客の大きな差のひとつは、お風呂に入ること。お風呂は来客ひとりのゆったりタイムですから、その分、目が届いてしまうという場所でもあります。潔癖な人ならお掃除チェックをするかも……。でも、これまで学んできたテクニックがあれば、大丈夫！

手順通りの掃除をしておく

お風呂場掃除（P24～28）の手順を見て、お風呂をキレイにしましょう。自分では**見慣れてしまっている部分**も**客観的**に見て、特に仕上げの部分は自慢できるくらいにていねいに！　**来客用のタオルや歯ブラシ**も用意して、すっと出せたらおもてなし上手と思われそうですね。

STAY!
24hour

キッチン

泊まりに来るとなったら、その人にも我が家のようにくつろいでもらいたい！　それにはできるだけ〝NGコーナー〟は作りたくないですね。料理や片づけを「手伝うよ」といわれたときに、堂々とお願いできるよう、キレイにしておけば、「いいお嫁さんになりそう」と思われるはず。

冷蔵庫の中とシンクまわりを片づける

来客に「ビール勝手に出すね～」と気軽に冷蔵庫を開けられても大丈夫ですか？　前日には**入っているものを整理**し、もちろん**古いものは処分**し、中をさっと拭きましょう。**臭い**も要チェックです。シンクは**洗い物**があるのは論外。やはり拭き上げて**収納**するところまで。

STAY!
24hour

リビング・ベッドルーム

さあ、重要なリビング・ベッドルーム！　いちばん長く過ごす場所だから、（掃除が）デキる女を演出したいところです。基本の掃除でキレイにはなっているでしょうが、さらにポイントを押さえて、快適で素敵な夜を過ごせるように仕上げましょうね。

ゴミ箱の中をキレイにしておく

ゴミ箱も来客が使うであろうアイテムのひとつ。ゴミがごっそりたまっていたらもちろん幻滅！　**空っぽにしておく**だけでなく、やはり自分では見慣れてしまったような**ゴミ箱自体の汚れ**も拭き取っておきましょう。水拭き→から拭き、またはアルコールで拭き上げて清潔に。

テレビなどのリモコンを拭いておく

意外と**掃除の盲点**なのが、**リモコン**です。ほぼ**毎日触る**ので手あかやホコリがたまっていませんか？　全体を拭くだけでなく、**ボタンの細かい隙間**はアルコールをつけた綿棒でこすり、汚れを取り除きましょう。水分が入り込むと故障の原因になるので、雑巾で水拭きするなら**かたく絞って**。

リネン交換をしておく

誰を泊めるにしても、リネン交換は**最低限やっておきたい**こと！　できれば布団は**干す**か**布団乾燥機**でフワフワにし、**洗濯したて**のリネンをピシッとかけておきます（手順はP51を参照）。まるでホテルのような仕上がりにしておけば、自信を持って、**素敵な夜**を過ごせますよ！

巻末付録

いつやるの？ 何回やるの？

お掃除頻度表

習慣にする掃除とスペシャルな掃除を区別する

「完ぺき主義」系のぐうたらさん（→P5）が陥りがちな「どうせやるなら徹底的に全部をきちんとキレイにしないと気が済まない」という気持ちは間違ってはいませんが、実際、毎日それを続けていくことは不可能です。

この表を見てください。お掃除には「習慣」として無意識に体が動くようにさせてしまったほうがよいものと、「さあやるぞ！」と意気込んでやる気を出してやる「スペシャル」なものがあるのです。これを混同するとせっかくの三連休がただ掃除をしただけで終わってしまったり、家の中が荒れ果てて何もする気がしなくなってしまうのです。この掃除の頻度分類を意識していつでも快適な部屋で暮らしましょう！

トイレ	習慣	1日に1回	トイレ用掃除シートで便座や手洗いボウルを拭く。
		1週間に2～3回	手拭きタオルを替える。
		1週間に1回	全体の掃除（床まで）。
	スペシャル	1ヵ月に1回	収納棚の扉やドアを拭く。
		6ヵ月に1回	壁、天井を拭く。排気口のホコリ取り。
		1年に1回	収納棚の中を整理し、拭く。こびりつき汚れ
洗面所	習慣	1日に1回	手拭きタオルを替える。蛇口や鏡をマイクロファイバークロスで拭く。
		1週間に2～3回	水はねを拭き取る。
		1週間に1回	コップ、歯磨き立て、石鹸トレイなどの小物を洗う。鏡・洗面ボウルを洗う。
	スペシャル	1ヵ月に1回	ヘアブラシを洗う。ドライヤーのフィルターを洗う。
		6ヵ月に1回	壁・天井を拭く。排気口のホコリ取り。
		1年に1回	鏡裏の収納や洗面ボウル下の収納は物を全部出して拭く。

※洗濯機があれば１ヵ月に１回、扉まわりや洗剤投入口を拭く。

日々こまめに拭くことでさらにラクになりますよ
いっぱいに見えるけどひとつひとつはちょっとのこと
こ、こんなに…？

場所	区分	頻度	内容
お風呂場	習慣	1日に1回	排水口の髪の毛を取り除く。バスタブを洗う。
お風呂場	習慣	1週間に2～3回	鏡の水滴や蛇口を吸水クロス等で拭く。バスタブのふたを洗う。
お風呂場	習慣	1週間に1回	シャンプーボトル、いす、洗面器などぬめりがつきがちなものを洗う。床を洗う。排水口を洗う。全体の掃除。
お風呂場	スペシャル	1ヵ月に1回	天井と扉を洗う。
お風呂場	スペシャル	6ヵ月に1回	換気口のフィルターを洗う。窓があれば桟を拭く。
お風呂場	スペシャル	1年に1回	※汚れをためるとやっかいな場所なのでそこまでためない。
玄関	習慣	1日に1回	靴を揃え、収納する。
玄関	習慣	1週間に2～3回	床に掃除機をかける。玄関マットに粘着ローラーをかける。
玄関	習慣	1週間に1回	敷居やドアクローザーを拭く。たたきに掃除機をかけ、できれば拭く。
玄関	スペシャル	1ヵ月に1回	飾り物を拭く。
玄関	スペシャル	6ヵ月に1回	ドア、呼び鈴を拭く。ポストを拭く。
玄関	スペシャル	1年に1回	靴箱の中身をすべて出して拭く。傘立てを拭く。
キッチン	習慣	1日に1回	蛇口、シンクを拭く。生ゴミ受けを洗う。手拭きタオルを替える。
キッチン	習慣	1週間に2～3回	電子レンジの中やグリルを拭く（使うたび）。シンクまわりをブラシで洗う。水きりカゴを洗う。
キッチン	習慣	1週間に1回	五徳類を外して洗う。ふきん・まな板の漂白。冷蔵庫の取っ手を拭く。床を拭く。小物類を拭く。
キッチン	スペシャル	1ヵ月に1回	冷蔵庫の表面を拭く。ゴミ箱を拭く。コンロまわりの壁を拭く。
キッチン	スペシャル	6ヵ月に1回	冷蔵庫の中身を出して拭く。電子レンジ、炊飯器の表面の汚れを拭く。換気扇のフード、スイッチを拭く。トースターの中を拭く。
キッチン	スペシャル	1年に1回	換気扇を分解して拭く。シンク下収納の中身をすべて出して拭く。食器棚の中を拭く。
リビング・ベッドルーム	習慣	1日に1回	テーブルを拭く。（散らかった物を）片づける。ハンディモップで全体に拭く。
リビング・ベッドルーム	習慣	1週間に2～3回	フローリングならシートモップをじゅうたんなら粘着ローラーでホコリを取る。
リビング・ベッドルーム	習慣	1週間に1回	掃除機をかける。リネン交換。
リビング・ベッドルーム	スペシャル	1ヵ月に1回	ファブリック類に粘着ローラーをかける。
リビング・ベッドルーム	スペシャル	6ヵ月に1回	窓拭き、天井、照明器具、ガラス製の扉を拭く。シートモップでワックス。カーテン、クッションカバーの洗濯。エアコンフィルターを洗う。
リビング・ベッドルーム	スペシャル	1年に1回	床にワックスをかける（プロにまかせる）。

おわりに

本書を手にとった方はきっと「私はなんで部屋をキレイにしておけないんだろう?」といつも自分に自信を持てない人でしょう。外では明るく楽しく過ごしても、家に帰ると散らかった部屋にげんなり。「次の休みこそ大掃除をしよう」と誓っては、結局できない自分に自己嫌悪(もしくは、「まあ、いいか!」)。気になる人に家の前まで送ってもらっても、「お茶でも飲んでいかない?」なんて口がさけても言えません。それは残念……。

一方で、部屋がいつもキレイで、突然の訪問をまったく恐れない人もいます。ぐうたらさんには理解不能です。週末すべての時間を掃除に費やしているのでしょうか。そんなわけはありません。きっと、毎日小さな掃除を積み重ねてキレイな部屋を維持しています。私たち〝ぐうたらさん〟が手に入れたいのは、3連休にすべてを投げ打って大掃除するガッツではなく、そういうちょっとした掃除を積み重ねられる自分です。

だからといって、ぐうたらさんは掃除が得意な人たちのテクニックをただ教わっただけでは動きはしないでしょう(なにしろ、掃除本を買い込み、ソファに寝そべって読みふけっているだけのぐうたらさんは実際多いのです!)。

キレイのモチベーションを上げるには、まず自分で「キレイ」を目の当たりにするのがいちばん。なので、本書では「どうしたら〝パッと見〟キレイに見えるか」に重点を置いています。〝パッと見〟のキレイを仕上げることで、「私、すごい！」と思えるし、部屋を訪れる人からも「キレイにしてるね！」と感心されます。

監修のミッシェル・ホームサービスは、まさにその道のプロ。もちろんすみずみの掃除術も万全ですが、顧客たちが「ミッシェルの日は家に帰るのが楽しみ」と口を揃える〝仕上がりの美しさ〟を伝授してほしいとお願いしました。

この本を手にとったということは、あなたは「もっと部屋をキレイにしたい！」「好きな人や友達を気軽に呼んで一緒にくつろぎたい！」そして「ちょっと褒められたい」という前向きなぐうたらさん。最初はたいへんかもしれませんが、帰って開けた玄関の床がスッキリ片づいていたり、朝起きてキッチンに行ったらシンクがピカピカ光っていたら、家で過ごす時間が好きになり、掃除以外にもいろいろがんばりたくなるでしょう。積み重なったやる気があれば掃除は苦ではなくなります。さあ、ちょっとだけ部屋の一部を光らせることから始めてみましょう！

WELCOME
いつの間にかステップアップ♪
人もチャンスもどんとこい
HAPPY
多方面にやる気が出る（料理・勉強・美容など）
家で過ごす時間が好きになる
掃除する

michell!

ミッシェル・ホームサービス

2006年設立の訪問型総合生活支援事業会社。
家事代行サービス、ハウスクリーニングサービス、訪問型ペットケアサービスを主に行っている。
スタッフの育成に力を入れており、徹底した独自の研修制度でクオリティの高いサービスを提供している。

◉ブックデザイン　竹内クマヒコ（Espe-Runser）
◉撮影　石澤真実
◉イラスト　田村記久恵
◉構成　北條芽以

講談社の実用BOOK

ぐうたらさんでもすぐできる！ プロの凄腕《すごうで》お掃除《そうじ》　コツとワザ

2014年11月27日　第1刷発行
2019年10月15日　第5刷発行

監修　ミッシェル・ホームサービス

発行者　渡瀬昌彦
発行所　株式会社 講談社
〒112-8001　東京都文京区音羽2-12-21
電話（編集）03-5395-3527
（販売）03-5395-4415
（業務）03-5395-3615
印刷所　大日本印刷株式会社
製本所　株式会社若林製本工場

ISBN978-4-06-299818-5